이런 '나'라도
그런 '마음'이라도
괜찮다

이런 '나'라도

그런 '마음'
이라도

괜찮다

심리상담사 **포쉬** Poche 지음 ― **신찬** 옮김

굿북마인드
GoodbookMind

상대가 누구이든 당신에게 상처 주는 말은
새겨들을 필요 없습니다.
당신의 마음을 지키기 위해서라도
반드시 기억해주세요.

단 하루라도
고민 없이 살고 싶다

"과거에 들었던 말들이 잊혀지지 않아요."

"쉽게 화를 내는 나 자신이 싫어요."

"돈을 모아야 하는데 쇼핑을 멈출 수가 없어요."

"무슨 일이든 미루다가 끝내 포기해버려요."

"상대방의 눈치를 지나치게 살펴요."

"남들은 내가 우습게 보이나 봐요."

나에게 상담을 받으러 오는 사람들은 이렇게 다양한 고민
들을 털어놓습니다.

물론 나름대로 여러 가지 해결책을 시도해보지만 여의치 않아서 결국 같은 실패를 반복하고 맙니다. 그리고 그런 자신의 모습에 자괴감이 들어 우울증을 호소하는 사람도 많습니다.

결론부터 말하지만 열심히 해도 잘되지 않는 것은 당신 탓이 아닙니다. 고민의 원인은 생각지도 못한 곳에서 발견되는 경우가 많으니까요.

상담을 통해 고민의 원인을 찾게 되면, '설마, 그때 그 일이 원인이었다고?', '겨우 그깟 일 때문이었나?' 하고 놀라는 사람들이 많습니다. 오랫동안 안고 있던 고민이나 괴로움도 마찬가지입니다.

실제로 이야기를 나누다 보면 '이제야 이해가 되네요', '알고 나니 속이 후련해요', '나 자신 때문이 아니라는 것을 알게 되니 비로소 마음이 놓여요' 하고 긍정적인 반응을 보이는 분들이 상당히 많습니다.

물론 원인을 안다고 다 해결되는 것은 아닙니다. 하지만 당신을 괴롭히던 고민의 진짜 원인을 깨닫고 나면 몸과 마음이 한결 개운해질 거예요.

"이런 나도 바뀔 수 있을까요?"
"내가 지금보다 더 나아질 수 있을까요?"

이런 '나'라도 그런 '마음'이라도 괜찮다

나를 처음 찾아오는 분들에게 자주 듣는 말입니다.

어쩌면 당신도 이러한 불안을 안고 이 책을 펼쳐 들었을지도 모르겠네요.

하지만 당신이라면 괜찮습니다.

왜냐하면 이 책을 읽고 있는 시점에서 이미 좋은 방향으로 변하고 있기 때문입니다.

이 책을 선택했다면 마음속 어딘가에서 '내 잘못이 아님'을 깨닫고 있을 가능성이 큽니다. 다시 말해 무슨 일이든 자기 잘못이라고 믿고 우울해하거나 자신감을 잃어버린 당신이 자신의 잘못이 아님을 이해하기 위한 마음의 준비가 갖춰졌다는 의미니까요.

자신의 잘못이 아님을 깨닫고 납득할 수 있으면 자신을 탓하는 일이 크게 줄어듭니다. 게다가 힘들고 고통스러웠던 과거에서 해방되어 쉽사리 지치지 않을 뿐만 아니라 일상을 즐기는 마음의 여유까지 생겨나죠.

여기에서 당신이 지금보다 더 편해질 수 있는 힌트를 찾기를 기원합니다.

심리상담사 포쉬(Poche)

목차

내가 왜 그러는지
알 수 없지만

2
CHAPTER

그만큼 열심히
살았다는 거예요

3
CHAPTER

오래전 기억이
상처로 남아 있지만

당신은 이제부터
시작입니다

Chapter_1

내가 왜 그러는지
알 수 없지만

누군가와 대화할 때 '기분 좋게 해줘야 해', '좋은 말을 해줘야 해'라는 생각에 사로잡혀요

상대방의 기분을
신경 쓰느라
대화가 즐겁지 않아요

대화를 진심으로 즐기는 사람도 있고 대화하고 나면 몸과 마음이 지치는 기분이 드는 사람도 있습니다. 어느 쪽이 좋고 어느 쪽이 나쁘다는 의미가 아닙니다. 즐길 수 있느냐 없느냐는 누군가와 이야기할 때 자신이 무엇을 신경 쓰고 무엇을 조심하느냐의 차이로 판가름 나니까요.

누군가와 이야기하는 것을 진심으로 즐기는 사람은 상대방보다 자신에게 관심이 더 많습니다.

이런 유형의 사람이 신경 쓰는 것은 상대방이 아니라 자기 자신입니다. 그렇기 때문에 자신이 무엇을 말하고 싶은지가 가장 중요하며 말하는 것 자체를 즐깁니다. 극단적으로 말하면 상대방이 따분해하든 말든 자신이 기분 좋게 이야기했다면 '아, 즐거웠어'라고 생각합니다.

반면 대화를 나누고 나면 지치는 사람은 다릅니다.

남들에게 자신이 어떻게 비쳐지는지 신경 쓰는 사람은 상대방의 반응이 가장 큰 관심사입니다.

이 말을 하면 어떻게 생각할까, 이상하게 여기지 않을까 등 상대방의 반응을 예상하면서 이야기합니다. 이야기할 내용과 이야기한 내용에 상대방이 어떻게 반응할지를 재빨리 시뮬레이션하기 위해 두뇌를 풀가동합니다. 그러니 아무래도 피곤할 수밖에 없겠죠?

'에휴, 말할걸 그랬어', '오해하면 어떡하지?' 등 혼자서 상상의 나래를 펼치는 유형은 머릿속이 쉴 틈이 없습니다. 심지어 잠자는 동안에도 무의식적으로 계속 생각하는 경우가 많아서 아침부터 힘들다고 호소하는 사람들이 드물지 않습니다.

그 밖에 '나와 이야기하는 게 따분하지 않을까?' 하고 불안해하거나 '자신이 남에게 불쾌감을 준다'고 강하게 확신하는 사람은 어떻게 하면 상대방에게 불쾌감을 주지 않을까 하는 것이 가장 큰 관심사입니다.

이런 '나'라도 그런 '마음'이라도 괜찮다

무슨 말을 해야 상대방의 기분을 다치지 않게 할까, 무슨 말을 해야 분위기가 나빠지지 않을까 등을 고민하면서 쓸데없는 말을 하지 않으려고 무척 신경 씁니다. 이런 사람에게는 자신의 즐거움이 중요하지 않습니다. 오직 상대방을 불쾌하지 않게 만드는 것이 최우선 사항입니다. 그러다 보니 표정이나 몸짓으로 상대방의 기분을 읽느라 잡담하는 것만으로도 지쳐버리죠.

상대의 웃는 얼굴에 안심하고 상대를 즐겁게 해주는 것에 기쁨을 느끼는 사람은 상대의 기분이 어떤지가 가장 큰 관심사입니다. 그래서 자신이 기분 좋게 이야기했다고 해도 상대방이 재미없어했다면 '아, 즐거웠어'라고 생각하지 못합니다. 오히려 그와는 반대로 '내 이야기만 한 게 아닐까?', '이런 말투는 좋지 않았나?' 하고 반성하거나 자신을 책망하고 '나를 싫어하면 어떡하지' 하고 불안해하기도 합니다. 자신의 즐거움보다 상대방의 즐거움을 중요하게 여기기 때문입니다.

이런 사람은 자신이 즐겁더라도 상대방이 재미없었다면 대화에 실패했다고 여기고 앞으로는 이런 일이 없도록 해야겠다고 생각합니다.

후회하지 않고
대화할 수는 없을까요?

일단 인간관계가 너무 피곤해요. 내 의견을 말하려고 해
도 상대방이 무엇을 요구하는지, 무슨 말을 해야 좋아할
지, 정말로 바라는 대답은 무엇인지 등을 먼저 생각해요.
내 의견을 말했다 해도 상대방이 불만스러워하는 눈치
가 보이면 '아, 말하지 말걸' 하고 자책하고, 그렇다고 말
하지 않으면 '실은 이렇게 생각하고 있었는데……'라며
답답해합니다.
어느 쪽이든 후회하니 어떻게 해야 할지 모르겠어요.

인간관계가 피폐해지는 가장 큰 원인은 상대방을 기쁘게
해주는 것을 최우선으로 여기기 때문입니다. 결과적으로 자
신이 말하고 싶은 것보다 상대방이 듣고 싶어 하는 이야기를
선택합니다. 자신의 기분보다 상대방의 기분을 우선시하고,
자신의 즐거움보다 상대방의 즐거움을 더 중요하게 생각하
는 것이죠.
상대방을 우선시하는 것이 나쁘다는 의미가 아닙니다. 그
렇게 하더라도 불만이나 스트레스를 느끼지 않으면 괜찮습

이런 '나'라도 그런 '마음'이라도 괜찮다

니다. 상대방을 즐겁게 해주고 기쁘게 해줌으로써 자신이 진심으로 기쁘고 즐길 수 있다면 전혀 문제없죠.

하지만 I씨는 자신의 의견을 말할 수 없는 상황에 점점 스트레스를 느끼고 있습니다. 그렇다면 왜 상대방을 즐겁게 해주어야 한다는 믿음을 갖게 되었는지 알아야겠죠.

I씨의 이러한 믿음은 어릴 때 형성되었습니다.

어릴 때부터 I씨는 사랑하는 어머니를 기쁘게 해드리려고 열심히 공부하고 심부름도 곧잘 했습니다. 그런데 어머니는 I씨가 자신의 의견을 주장하면 슬퍼하거나 '누구 덕에 이렇게 살고 있는데?'라며 화를 냈습니다. 그래서 I씨는 자신의 의견을 말하는 것은 좋지 않다는 믿음을 갖게 되었죠. 어머니에게 맞추고 어머니가 원하는 말을 해서 어머니를 기쁘게 해드리려는 노력을 거듭해왔던 것입니다.

사람은 어릴 때 부모와의 관계를 통해 'ㅇㅇ를 하면 무슨 일이 일어나는지'를 배웁니다. 하지만 이 시기의 배움은 부모의 가치관이 큰 영향을 미치기 때문에 모든 것이 옳다고는 할 수 없습니다. 상담사로서 경험상, 삶에 좋은 영향보다는 악영향을 끼치는 나쁜 가르침을 심어주는 일이 압도적으로 많습니다.

I씨는 '자신의 의견을 말하면 혼난다', '자신의 의견을 말하

면 상대방이 슬퍼한다'는 가르침을 배운 셈입니다. 그 결과 성인이 되어서까지 자신의 의견을 말하는 것은 좋지 않다는 믿음에 시달리게 된 것입니다.

이 사실을 깨달은 I씨는 '어릴 적 경험 때문에 내 의견을 말하는 것은 좋지 않다고 생각했을 뿐, 내 의견을 말하는 것이 나쁜 일은 아니다'라는 사실을 납득했습니다. 새로운 깨달음을 얻은 I씨는 '나는 이것이 먹고 싶어', '나는 이것이 좋아' 등 작은 것부터 자신의 의견을 전달하기 위해 노력했습니다. 그리고 자신의 의견을 주장한다고 해서 사람들이 반드시 화를 내거나 슬퍼하는 것만은 아니라는 사실을 배워갔습니다.

이처럼 과거의 경험이 지금 어떤 영향을 주고 있는지를 깨닫고 이해하는 것은 그 영향에서 벗어나기 위한 큰 걸음입니다.

누군가를 즐겁게 해주고 싶고 기쁘게 해주고 싶은 것 자체는 멋진 일입니다. 하지만 그 생각이 너무 강하면 자신이 괴롭습니다.

그렇기 때문에 상대방을 기쁘게 해주어야겠다는 마음은 자동으로 설정되는 디폴트가 아니라 선택할 수 있는 옵션이라는 생각을 가지도록 노력하세요.

상대방을 기쁘게 해주어야겠다는 마음은 반드시 가져야 할

이런 '나'라도 그런 '마음'이라도 괜찮다

최소한의 조건도 아니고 당연한 것도 아닙니다. 상대방이 기뻐할 만한 말을 하지 않아도 된다는 사실을 깨닫고, 더 나아가 그런 자신의 모습을 허용하는 것이 중요합니다.

당신을 힘들게 하는 잘못된 지난 생각들을 이제는 자기다운 삶을 살기 위한 새로운 가치관으로 바꿔보세요.

분노의 감정은 잘 인지하지만
즐거움이나 기쁘다는 감정은 잘 모르겠어요

분노나
슬픔 같은
감정은
잘 느끼지
만…

히로애락
중에서 '기쁨'과
'즐거움'을
최우선으로
여겨보세요!

그럼
다음 주에
만나요!

음…

기쁨이나
즐거움은
잘 모르겠어.

그러고 보니
옛날부터
'발랄한' 편은
아니었어.

이대로라면
기쁨도 즐거움도
모르는 재미없는
인생을 살게
될지 몰라….

엄마처럼
화를 잘 내는
나 자신이 싫어요

사람이 느끼는 대표적인 감정을 '희로애락 애오욕(喜怒哀樂
愛惡欲)'이라고 하죠. 기쁨, 화남, 슬픔, 즐거움, 사랑, 미움, 욕
망입니다.

이렇듯 사람들은 다양한 감정을 느끼지만 같은 상황에서도
사람에 따라 느끼는 감정이 제각각입니다.

마트 계산대에서 차례를 기다리는데 뒷사람에게 새치기를
당하는 상황을 떠올려봅시다. 당신은 어떤 기분이 드나요?

'새치기를 하다니 몰상식하군!'이라며 화를 내는 사람이 있
는가 하면, '왜 순서를 지키지 않는 걸까?' 하고 못마땅하다는

수준에서 그치는 사람도 있습니다. 또 '제가 먼저예요!'라고 분명하게 따지는 사람, 아무 말도 못 하고 참는 사람, '무슨 일이지?' 하고 혼란스러워하는 사람도 있습니다.

이처럼 같은 상황에 처했을 때 느끼는 감정은 개인차가 매우 큽니다. 이러한 감정 차이는 어린 시절의 가정환경이 큰 영향을 미칩니다.

예를 들어 꼭 갖고 싶은 장난감이 있다고 해볼까요.

어릴 때 떼를 쓰거나 화를 내면 부모님이 장난감을 사준 경험이 많은 사람들은 어른이 되어 뭔가를 갖고 싶은 것이 생기면 '분노'의 감정을 드러내기 쉽습니다.

어릴 적 경험이 어른이 되어서까지 그대로 이어져 뭔가 갖고 싶은 것이 생기면 울거나 상대방의 죄책감에 호소하는 경향이 강한 것입니다.

반면 갖고 싶다는 마음을 부모님에게 말하지 못했거나 말해도 사주지 않은 기억이 많은 경우에는 어른이 되어 뭔가 갖고 싶은 것이 있어도 잘 참는 경향을 보입니다. 또한 자신의 욕구를 지나치게 억제해왔다면 '갖고 싶다'라는 욕구 자체를 느끼지 못하는 경우도 있습니다.

어른이 되었을 때 드러나기 쉬운 감정이란, 당신이 어릴 때 부모님에게 '어떻게 하면 잘 통할까?', "어떻게 하면 혼나지 않

이런 '나'라도 그런 '마음'이라도 괜찮다

을까?'를 끊임없이 반복 시험한 결과물입니다.

게다가 드러내기 쉬운 감정은 종종 드러내기 어려운 다른 감정을 대신하기도 합니다.

'어떻게 해서든 갖고 싶은 장난감이 있는 경우'를 다시 예로 들어서 좀 더 쉽게 설명해볼까요?

'화내며 떼를 썼더니 사줬다'라는 성공 뒤에 '울어도 사주지 않았다'라는 실패가 숨어 있는 경우가 있습니다. 이런 경험이 쌓이면서 '슬픔은 느끼지 않는 게 좋다. 화를 내면 통한다'라는 믿음이 강해집니다.

여기에서 드러내기 쉬운 감정은 분노이고 드러내기 어려운 감정은 슬픔입니다. 이런 사람은 슬픈 일이 있어도 슬픔을 표현하기보다 화부터 냅니다.

싫은 소리를 듣고 사실은 슬프지만 '그런 말을 하다니 무례하다!'라는 식으로 슬픔을 분노로 덮어버리는 것이죠. 분노가 지나치게 커서 자신이 슬퍼하고 있다는 사실을 깨닫지 못하는 것입니다.

한편으로 '울면 사줬다'라는 성공 뒤에 '떼를 써도 사주지 않았다'라는 실패가 숨어 있는 경우도 있습니다. 이때는 '화를 내지 않는 것이 좋다. 슬퍼하면 통한다'라는 것을 배웁니다.

이런 경우에 드러내기 쉬운 감정은 슬픔이고 드러내기 어

려운 감정은 분노입니다. 이런 사람은 앞의 예와는 반대로
분노 대신 슬픔을 주로 표출합니다.

싫은 소리를 듣고 사실은 화가 나지만 '그런 말을 들어서
슬프다'는 식으로 분노를 슬픔으로 덮어버리죠.

기쁘고 즐거운 감정을
잘 표현하고 싶어요

내가 마치 어릴 적 우리 엄마를 보는 것 같아서 너무 싫
어요. 어머니는 뭔가 항상 언짢은 모습이셨어요. 무슨
일이 생기면 화부터 냈죠. 웃거나 즐거워하는 모습은 거
의 기억에 없어요. 나는 절대 저런 어른이 되지 말자, 더
멋진 어른이 될 거야, 이렇게 생각했는데……. 어른이 되
고 보니 나도 엄마처럼 화만 내고 있어요.
왜 이렇게 화만 나는 걸까요? 유전일까요?

화를 너무 잘 내는 것이 고민입니다. 그래서 드러내기 어려
운 감정이 무엇인지 찾기 위해 어린 시절 어머니와 어떤 대
화를 나눴는지 기억에 남는 일들을 떠올려보라고 질문했습

이런 '나'라도 그런 '마음'이라도 괜찮다

니다.

T씨가 기억해낸 에피소드는 3가지였습니다.

첫 번째는 즐거웠던 일을 어머니에게 이야기했더니 "너는 참 편하고 좋네"라는 눈총을 받았다는 것입니다. 그래서 '아, 즐거운 얘기는 하면 안 되는구나'라고 생각했다고 합니다.

두 번째는 운동회 때 달리기 시합에서 3등을 하고 기뻤을 때의 일입니다. 그 모습을 본 어머니는 칭찬해주고 함께 기뻐하기는커녕 '3등인데 뭐가 그리 기쁘니? 엄마는 늘 1등이었어'라고 핀잔을 주었다고 합니다. 그래서 '1등이 아니면 기뻐하면 안 되는구나', '별거 아닌 일에는 좋아하면 안 되는구나'라는 생각에 우울했다고 합니다.

세 번째는 노래나 춤을 좋아해서 TV를 보며 춤을 추는데, 부모님이 '시끄러워! 저리 가!'라고 호통을 쳤다고 합니다. 반복해서 이런 지적을 받다 보니 '즐거워하면 혼나는구나', '엄마는 내가 즐거운 것이 싫구나'라는 믿음이 생겼다고 합니다.

즐거운 이야기를 해도 즐겁게 공감해주지 않는다, 기뻐하면 핀잔을 듣는다, 즐거워하면 혼난다······.

T씨는 이런 경험이 거듭되면서 '기쁘다', '즐겁다'는 감정을 억누르고, 그 대신에 분노를 강하게 느끼게 되었죠.

T씨는 '화를 잘 내는 것이 유전이 아닐까'라고 불안해했지만 그렇지 않습니다. 억누른 감정(기쁨, 즐거움)이 컸던 만큼 그것을 대신하는 감정(분노)도 커진 것입니다.

T씨와 같이 드러내기 쉬운 감정이 너무 커져서 곤란하다면 드러내기 어려운 감정이 무엇인지 찾아봅시다. 단서는 이 또한 어린 시절 부모와의 관계에 있습니다. 지금도 기억나는 에피소드가 있다면 그 안에 뭔가 힌트가 숨겨져 있을지 모릅니다.

드러내기 어려운 감정이란, 어릴 때 부모와의 관계 속에서 '드러내면 안 된다', '드러내지 않는 것이 좋다'라는 식으로 학습된 감정입니다.

어른이 된 지금의 당신이 드러내기 어려운 감정을 드러내도 된다고 허락하면 서서히 '드러내기 쉬운 감정'으로 바뀔 것입니다. 그러면 드러내기 쉬운 감정과 드러내기 어려운 감정이 균형을 이루면서 드러내기 쉬운 감정만 너무 커지는 일은 없을 것입니다.

결과적으로 T씨처럼 화를 많이 내는 사람은 화가 줄어들고, 대신 즐겁고 기쁜 감정을 더 많이 느낄 수 있습니다.

이런 '나'라도 그런 '마음'이라도 괜찮다

상대방의 안색, 기분, 분위기가
지나치게 신경 쓰여요

남들의 안색이나 기분을 신경 쓴다.

대부분 이런 반응이다.

하지만 도저히 신경을 안 쓸 수가 없다.

이런 내가 너무 싫어서 견딜 수가 없다…

지나치게
공감을 잘해서
너무 피곤해요

상대방의 안색이나 기분, 그 자리의 분위기를 살피느라 지친다고 하는 사람들이 많습니다. 너무 예민한 자신이 못마땅해서 고민이라고 하지만, 사실 전혀 이상한 것이 아닙니다.

B씨에게 혼이 난 A씨가 슬퍼하고 있다고 상상해봅시다.

지나치게 예민한 사람은 B씨의 분노나 A씨의 슬픔을 감정이입합니다. 분노라는 강한 힘에 압도당해 심장이 두근거리고 슬퍼지면서 한숨이 절로 납니다. 상대방의 감정이 마치 자신의 감정인 것처럼 느껴지는 것이죠.

하지만 상대방의 감정이 내 안에 들어왔을 때 어떤 느낌이

이런 '나'라도 그런 '마음'이라도 괜찮다

들고 어떤 행동으로 이어지는지는 개인차가 큽니다.

누구는 '내가 B씨를 진정시켜야 한다'며 책임감을 느낄 수도 있고, 또 누구는 '더 이상 B씨가 화내지 않도록 조심해야겠다'며 얌전히 굴 수도 있습니다.

A씨의 슬픔에 강하게 공감하는 사람은 '무슨 말을 해줄까?'라며 위로의 말을 고민할지도 모릅니다. 'B씨는 왜 그렇게 화가 났을까?', 'A씨는 왜 그냥 가만히 있는 걸까?'라며 당사자 이상으로 깊이 생각하기도 합니다.

이런 행동의 차이는 그 사람이 태어나고 자란 가정환경에서 비롯됩니다.

어릴 때 무엇을 신경 써왔는지, 무엇에 예민하게 반응해왔는지가 감정에 영향을 미치는 것이죠.

예를 들어 어릴 때 부모님의 눈치를 살펴온 사람일수록 어른이 되었을 때 상대방의 눈치를 보는 경향이 강합니다. 어릴 때 집안 분위기를 신경 써온 사람일수록 어른이 되었을 때 그 자리의 분위기에 예민합니다.

심지어 어릴 때 부모님에게 어떤 식으로 행동했는지가 뭔가를 느낀 후에 취하는 행동에 영향을 미칩니다. 어린 시절부터 부모님의 눈치를 살펴온 사람을 예로 들어볼까요.

예를 들어 부모가 언짢아하는 상황에서는 '기분이 안 좋으

시니 말을 걸지 말자'라며 얌전히 대처하는 사람도 있고, 반대로 '기분 전환을 해주겠다'며 적극적으로 대처하는 사람도 있습니다. 또 '혼나지 않게 뭔가 도울 일이 없을까?'라고 생각하는 사람도 있습니다.

부모가 언짢은 기분일 때는 말을 거는 것이 좋은지, 아니면 말을 걸지 않는 것이 좋은지, 부모가 화났을 때는 얌전히 있는 편이 좋은지 아니면 기분을 전환할 수 있는 어떤 행동을 하는 것이 좋은지 신경 쓰면서 자란 것이죠.

부모가 어떤 행동을 바라는지, 어떻게 해야 불똥이 자신에게 튀지 않을지 등 아이 나름대로 생각한 결과가 행동으로 나타납니다.

내 일보다 남의 일에
더 신경 쓰는 나

다른 사람의 안색이나 기분을 너무 신경 쓰는 것이 고민이에요. 내 일도 바쁜데 힘들어하는 사람이 있으면 그냥 못 지나치겠어요. 아무리 피곤해도 하소연을 들어주느라 오히려 내 컨디션이 망가지기 일쑤입니다.

전문가를 찾아가서 상담해보면 '신경 쓰지 마라', '그냥 내버려둬라'고 조언하는데, 도저히 그럴 수가 없어요. 아무리 해도 안 되니 그런 나 자신이 너무 한심해서 우울해요.

남들의 안색이나 기분을 너무 신경 쓰면서 '도와줘야 해!'라는 강박으로 힘들어하는 경우입니다. 자신이 피곤해서 상대방을 도와줄 여유가 없을 때조차 도와줘야 한다는 생각이 앞서 행동에 나섭니다.

남들이 힘들어할 때 '도와줘야 한다'는 생각은 좋은 것이죠. 하지만 그런 생각이 의무감이나 부담감으로 작용한다는 점이 문제입니다.

U씨도 자신이 왜 그렇게까지 도와주려고 하는지 잘 몰랐습니다. 왜 그런지 모르겠지만 '도와주지 않으면 안 된다'는 생각이 강해서 정신을 차리고 보면 이미 발 벗고 나선 자신을 발견한다는 것입니다.

이처럼 이유는 알 수 없으나 '행동하고 만다'는 것은 과거의 어떤 일이 무의식적으로 영향을 주고 있는 경우입니다. U씨의 어린 시절이 어땠는지 이야기를 들어봤습니다.

"우리 집은 모자가정이었어요. 제가 첫째였기 때문에 조금이라도 어머니의 부담을 덜어드리려고 집안일을 돕고 동생을 돌봤어요. 직장에서 돌아온 어머니의 푸념을 들어주고 위로하는 일도 제 몫이었죠. 어릴 때부터 줄곧 친구나 연인보다 어머니를 우선시해왔습니다. 어머니에게 강요당한 건 아니에요. 그냥 저는 사랑하는 어머니가 늘 웃으면 좋겠다고 생각했어요."

기분이 안 좋아 보이면 말을 걸어 위로하고, 피곤해 보이면 집안일을 솔선수범하고, 언짢아 보이면 푸념을 들어주면서 어머니의 웃는 얼굴을 위해 살갑게 챙기던 습관이 다른 사람에게도 발동한 것입니다.

그 결과 어려운 사람을 보면 '도와줘야 해!'라며 앞장섰고 우울해 보이는 사람이 있으면 '위로해야 한다'고 행동해온 것입니다. 어릴 때부터 부모님에게 해왔던 것처럼 타인에게도 똑같이 대했던 것입니다.

'어릴 때의 행동이 어른이 되고 나서도 영향을 주는군요!'하고 놀라는 분들이 많습니다. 하지만 기억나지도 않는 옛날 일이 어른이 된 당신에게 영향을 주기도 합니다.

그 사실을 증명하는 실험이 하나 있습니다. '리틀 앨버트의 실험(Little Albert Experiment)'이라고 하죠. 아기가 흰쥐를 만지면 그 순간 등 뒤에서 징을 '쾅' 하고 울리는 실험입니다.

이런 '나'라도 그런 '마음'이라도 괜찮다

아기는 본능적으로 큰 소리를 싫어하므로 징이 울릴 때마다 울음을 터뜨립니다. 이런 일을 몇 번 반복하다 보면 아기는 흰쥐를 싫어하게 됩니다. '흰쥐를 만지면 무서운 일이 일어난다'는 것이 아기의 뇌에 입력되었기 때문입니다. 그뿐만이 아닙니다. 이 아기는 흰 쥐뿐만 아니라 흰 것(흰옷, 흰 수염의 산타클로스 등)을 전반적으로 싫어하게 되었습니다.

이렇게 어릴 때의 경험이 뇌에 강렬하게 각인되어서 어른이 되어서도 무의식적으로 계속 영향을 줍니다.

어릴 때의 경험이라고 하면 부모님에게 무언가를 강요당하거나 부모님에게 심한 일을 당한 것만을 떠올리려고 하는 사람들이 많습니다. 하지만 반드시 그렇다고는 할 수 없습니다. 부모님에게 아무런 강요도 받지 않았지만 어머니를 돕고 싶다고 생각하는 경우도 있습니다. U씨처럼 어머니의 웃는 얼굴이 좋아서 자발적으로 행동하기도 하죠.

중요한 것은 어떤 부모였느냐, 부모가 무엇을 했느냐가 아닙니다. 부모와의 관계 속에서 당신이 부모에게 무엇을 느꼈고, 무엇을 열심히 했고, 무엇을 조심했느냐 하는 것입니다.

지금 당신이 뭔가가 너무 신경 쓰여서 고민이라면 그럴 때 무엇을 느끼고 어떻게 행동하는지 생각해보세요.

어쩌면 어릴 때 부모님에게 강요받았거나 스스로 '해야 한다', '해주고 싶다'라고 생각해왔기 때문일지 모릅니다.

상대방의 안색, 기분, 그 자리의 분위기를 지나치게 신경 쓰는 이유가 어린 시절 부모님을 대할 때 조심스러웠던 기억에서 비롯된 것임을 깨닫고 나면, 이제 어른이 된 지금은 더 이상 그렇게까지 신경 쓰지 않아도 된다고 자신을 편하게 놓아줄 수 있습니다.

어릴 때 부모님에게 헌신했던 기억으로 인해 무의식적으로 타인에게도 헌신적으로 대했다는 사실을 알면 그렇게까지 노력하지 않아도 된다고 생각할 수 있습니다.

왜 그런지 모르겠지만 자꾸 남의 일에 나서는 이유가 실은 어릴 때부터 부모님에게 해온 습관에서 비롯된 행동임을 알고 나면 어떻게 행동해야 할지를 선택할 수 있습니다.

남들을 지나치게 신경 쓰느라 몸과 마음이 힘들다면 어린 시절에도 '해주고 싶다', '해야 한다'는 생각에 사로잡혀 있지 않았는지 되돌아보세요.

과거의 영향에서 벗어나는 첫걸음은 깨달음입니다.

깨닫고 나면 빠져나오기 위한 방법을 어렵지 않게 찾을 수 있으니까요.

이런 '나'라도 그런 '마음'이라도 괜찮다

모두가 즐거워 보이는데
나만 인생을 즐기지 못하는 것 같아요

하고 싶은 것도 없이
이렇게 살아도
될까요?

'하루하루가 따분해.'

'사는 게 즐겁지가 않아.'

최근 몇 년 사이에 이런 고민을 토로하는 사람들이 부쩍 늘었습니다.

누군가에게 하소연하면 보통 '좋아하는 걸 해봐', '즐거운 일을 해봐', '일단 해보는 게 중요해' 등과 같은 조언을 해줍니다. '그렇구나! 한번 해보자' 하고 의욕이 생긴다면 괜찮습니다.

하지만 이런 고민을 하는 사람들은 대부분 좋아하는 것이

이런 '나'라도 그런 '마음'이라도 괜찮다

뭔지를 모르거나 하고 싶은 것이 없는 경우가 많습니다.

심기일전하여 일단 해보자 하는 의욕이 잘 생기지 않거나 무기력한 사람도 있습니다.

갑자기 '하루하루가 따분하다'면 마음이나 몸의 피로가 쌓였을 가능성이 있습니다. 피곤할 때는 모든 일을 부정적으로 받아들이기 마련입니다.

이럴 때는 우선 잠을 충분히 자고 푹 쉬는 것이 좋습니다. 맛있는 음식을 먹고 느긋하게 마음을 채우면 몸과 마음이 회복됩니다.

갑자기 삶이 지루해지면 초조하거나 불안하기 십상이지만 그럴수록 당황하지 않아야 합니다. 감기에 걸렸을 때 무리하면 잘 낫지 않는 것과 같고, 피곤할 때 쉬지 않으면 회복이 안 되는 것과 같습니다. 무리하지 않고 쉬는 것이 '하루하루가 따분하다'는 생각에서 벗어나는 지름길입니다.

다만 벌써 수십 년째 하루하루가 따분하고 지루하다면 피로와는 또 다른 원인을 생각할 수 있습니다.

첫 번째 가능성은 '즐기는 것은 좋지 않다'라는 믿음이 브레이크를 걸고 있기 때문입니다.

과거에 즐겁고 행복해하는 모습에 질투를 산 적이 있거나 가까운 어른들의 영향으로 '즐기는 것은 좋지 않다', '고생을 해봐야 한다' 등의 사고방식이 생겨버린 경우입니다.

그 밖에도 앞서 말한 부모의 태도로 인해 '즐기는 것은 좋지 않다'라는 인식이 자리 잡게 된 경우도 있습니다. (25쪽 참고)

두 번째 가능성은 애초에 자신이 무엇을 좋아하고 무엇에 즐거움을 느끼는지 모르기 때문입니다.

부모님을 기쁘게 해드리고 싶다는 마음으로, 또는 부모님의 뜻을 거스를 수 없어서 부모님이 좋아하는 것을 선택했다면 자신이 좋아하는 것을 선택한 횟수가 압도적으로 적을 수밖에 없습니다. 그 결과, 부모님이 좋아하는 것은 알지만 자신이 좋아하는 것이나 하고 싶은 일은 모른 채 살아가게 됩니다.

그 밖에도 과거에 자신이 좋아하는 것을 강하게 부정당했거나 놀림을 받아 마음의 상처를 입은 경험이 있다면 '좋다'라는 감정 자체를 억누르기도 하죠. 과거의 불쾌한 경험으로 인해 좋아하는 것을 말하면 상처받는다는 인식이 뇌리에 입력되었기 때문입니다.

이런 사람들은 '어릴 때는 좋아하는 것이 있었는데 어른이 된 지금은 좋아하는 것이 뭔지 모르겠다'라고 느끼는 경우가 많습니다.

이런 '나'라도 그런 '마음'이라도 괜찮다

내가 뭘 좋아하는지
알고 싶어요

내가 좋아하는 것이 뭔지, 하고 싶은 것이 뭔지 잘 모르겠어요. 그래서 사는 게 재미없나 봐요.

출근해서 일하고 퇴근하면 집으로 돌아와서 밥을 먹고 잠들어요. 이렇다 할 취미도 없고요. 무슨 일이 있었다거나 갑자기 이렇게 된 건 아니에요. 아마도 어릴 때부터 줄곧 그랬던 것 같아요. 인간으로서 뭔가 문제가 있는 건 아닐까 하는 생각까지 들어요.

어느 날 갑자기 일상이 지루하다고 느낀 것이 아니라 '어릴 때부터 줄곧' 그랬다고 하면, 좋아하는 것이나 하고 싶은 것을 알 수 없게 된 원인은 과거에 있습니다.

유치원에 다닐 때 I씨에게는 좋아하는 색이 있었습니다. 하지만 부모님은 그 색은 성별에 '어울리지 않는' 색이라는 이유로 성별에 맞는 다른 색의 옷을 입으라고 강요했습니다.

I씨가 '이 색은 싫다. 입고 싶지 않다'고 투정을 부려봤지만 어머니는 '이상한 아이구나', '너 때문에 우리까지 이상하게 생각해', '부모 얼굴에 먹칠하지 마라'고 하며 혼냈다고 합니다.

심지어 초등학생 때는 만화를 무척 좋아했는데 '그런 걸 읽으면 바보가 된다', '인생에 도움되지 않는다'는 이유로 아버지가 만화책을 내다 버린 적도 있다고 합니다.

이런 이야기를 들려준 I씨는 "좋아하는 것에 대한 기억은 이 2가지 정도입니다. 이후로는 좋고 싫음에 대한 생각은 하지 않고 그저 할 일을 하며 살아왔어요. 덕분에 공부는 꽤 잘했고 지금의 회사에도 들어갈 수 있었지만요"라며 어깨를 떨어뜨렸습니다.

I씨가 인생을 즐기지 못하는 원인은 좋아하는 것을 부정당했던 과거의 기억 때문입니다.

좋아하는 것이 있어도 부정당하고, 하고 싶은 일이 있어도 허락받지 못하는 괴로운 경험이 반복되면서 '좋아하는 것이나 하고 싶은 일은 없는 편이 낫다'는 믿음을 무의식적으로 갖게 된 것입니다.

좋아하는 것이 없으면 부정당하지 않고, 하고 싶은 일이 없으면 상처받지 않아도 되기 때문입니다. 상처받지 않고 자신을 지키기 위한 하나의 수단으로 '좋아한다', '하고 싶다'라는 감정을 거세한 셈이죠.

자신의 인생이 따분하게 느껴지고 좋아하는 것이나 하고 싶은 일이 없다면 언제부터 그렇게 느끼기 시작했는지 되돌

이런 '나'라도 그런 '마음'이라도 괜찮다

아보세요.

그것이 최근의 일이라면 앞에서 말한 것처럼 몸이나 마음을 쉬는 것만으로도 힘든 상황에서 벗어날 수 있습니다.

하지만 꽤 오래전부터 시작되었다면 어린 시절을 떠올려보세요. 어쩌면 거기에서 지금 안고 있는 고민의 원인을 발견할 수 있을지도 모릅니다.

원인을 파악했다면 스스로에게 좋아하는 것이나 하고 싶은 일을 하라고 허락하세요. 어릴 때는 좋아하는 것이나 하고 싶은 일이 있어도 부모님이 하지 못하게 하면 할 수 없었겠지만, 어른이 된 지금은 부모님에게 허락을 구할 필요가 없습니다.

어른이 된 당신은 이제 자기 스스로 살아갈 수 있습니다. 그렇게 해도 괜찮습니다.

마감까지 여유가 있는데도
'빨리빨리' 해야 한다는 강박이 있어요

뭐든 빨리빨리
끝내야 한다는 생각에
쉴 틈이 없어요

당신은 자신의 시간 사용법에 만족하나요?

아니면 항상 시간이 부족하거나 뭔가에 쫓기는 듯한가요?

사람들은 저마다 시간을 사용하는 습관이 다릅니다. 마감이 임박해서야 집중해서 열심히 하는 사람이 있는가 하면, 마감에 여유가 없으면 좀처럼 마음이 놓이지 않는 사람도 있습니다.

어느 쪽이 더 좋다거나 나쁘다고 할 수는 없습니다. 시간 사용법은 대부분 어릴 때의 습관이 변하지 않고 이어져온 것일 뿐이니까요.

어른이 된 후에도 회사에서 마감 직전까지 아슬아슬하게 기획서를 작성해서 제출하는 사람은 어쩌면 초등학생 때부터 몸에 익은 습관에서 비롯된 경우가 많습니다. 개학이 다 되어서야 방학 숙제를 서둘러 끝내는 식이죠.

'이런 자신을 바꾸고 싶다'며 찾아오는 분들도 많습니다. 하지만 마감 전에 여유롭게 끝내는 것은 좋은 습관이고, 마감에 임박해서 빠듯하게 끝내는 것은 좋지 않은 습관이라고 할 수는 없습니다.

남들이 보기에는 아슬아슬할 수 있지만 시간이 빠듯해야 오히려 집중이 잘되고 효율적으로 일하는 사람도 있으니 마감 시간만 잘 지킨다면 문제되지 않습니다. 여유를 가지고 시간을 사용하는 사람과는 집중하는 방식이나 타이밍이 다를 뿐입니다.

문제는 마감 시간을 지키지 못하는 경우입니다.

어릴 때부터 마감을 지키는 것이 서툴러서 선생님이나 부모님에게 꾸중을 들은 경험이 많다면, '자신은 매번 마감을 지키지 못한다'고 부정적인 낙인을 스스로 찍는 경우도 있습니다.

어릴 때 부모님에게 '숙제는 했니?'라는 말을 들어야 비로소 서둘렀던 사람은 스마트폰 등의 알림 설정을 잘 활용하면 마

이런 '나'라도 그런 '마음'이라도 괜찮다

감을 지킬 수 있습니다. 미리 설정해둔 알림이 부모님의 확인을 대신하는 것입니다. 깜빡 잘 잊어버리는 사람은 이 방법이 효과적입니다.

즉흥적으로 이것저것 떠오르는 대로 일 처리를 해서 중요한 일이 뒤로 밀리는 경우라면 투두 리스트(to do list, 할 일을 목록으로 정리한 것)를 병용하는 것도 효과적입니다.

캘린더, 알림 설정, 투두 리스트, 이프 덴 플래닝(if then planning(무엇을 할지 구체적으로 정해놓은 것), 타임로그(time log, 작업이나 활동을 기록한 것)⋯⋯. 세상에는 시간을 현명하고 의미 있게 사용하는 방법이 많습니다. 하지만 이러한 방법으로 구원받는 사람이 있는가 하면 점점 자신을 괴롭히는 사람도 있습니다.

마감까지 아직 여유가 있는데 빨리해야 한다는 강박에 사로잡힌 사람은 자신을 괴롭히기 십상입니다.

당신이 이런 유형이라고 해도 일찍 끝내고 나서 천천히 편안하게 쉴 수 있다면 특별히 문제될 것은 없습니다. 처음에 느긋하게 처리하다가 아슬아슬하지만 마감은 지켜서 일을 끝낼 것인가, 아니면 마감에 여유를 가지고 끝낸 후에 천천히 휴식을 음미할 것인가? 시간 사용법이 다를 뿐 결과는 같습니다.

하지만 마감에 여유를 가지고 끝낸 후에도 쉬지 못하고 다음 일에 착수한다면 주의할 필요가 있습니다. 본인만 문제없다면 괜찮지만 본인의 의사와는 별개로 '빨리빨리' 해야 한다는 강박에 사로잡혀서 계속 움직인다면 결국 스트레스에 노출되기 쉽습니다.

일을 좀 서두르는 게 잘못인가요?

회사의 인간관계에 대해 고민하고 있습니다. 다른 동료들이 제대로 일을 하지 않아요.

마감 직전까지 제출물을 내지 않으면서 쉬는 시간에 잡담을 하며 시시덕거리는 모습을 보면 화가 납니다. '빨리 제출해주세요'라고 요청했지만 팀장에게 한소리 들었습니다. 팀원들 사이에서 '마감이 아직 남았는데 자꾸 졸라서 부담스럽다'는 불만이 나왔다는 겁니다. 지금 생각해도 화가 치밀어요! 제가 뭘 잘못했나요? 왜 일도 열심히 하지 않는 사람의 불만을 들어줘야 하죠?

이런 '나'라도 그런 '마음'이라도 괜찮다

'마감 일주일 전에 제출물을 완성한다'라는 생각을 가지고 일하는 사람입니다.

이런 생각 자체는 전혀 문제없습니다. 오히려 주위 사람들에게 'S씨는 마감에 여유를 가지고 업무를 처리해줘서 도움이 된다'며 신뢰받고 있었습니다.

하지만 S씨는 점차 자신의 생각을 주위 사람들에게 강요했습니다. 마감에 여유를 가지고 제출하지 않는다는 이유로 주위 동료들에게 분노를 품기 시작했습니다. 정작 동료들은 마감일을 지키고 있는데도 말이죠.

사람은 자신에게 불이익이 생기면 분노를 느낄 수 있습니다. 그래서 "다른 동료들이 마감이 임박해서 제출하면 S씨에게는 어떤 문제가 생기나요?"라고 질문했습니다. 그러자 S씨는 "특별히 문제는 없어요. 다만 마감이 다 될 때까지 내놓지 않는 태도를 보고 있으면 화가 나요!"라고 말했습니다.

S씨는 마감이 임박해도 제출하지 않는다는 사실 자체에 화가 난 것이 아니었습니다. 마감일이 될 때까지 제출하지 않겠다는 상대방의 태도에 화가 났던 것입니다.

사람은 자신을 무시하거나 업신여긴다고 느낄 때 상대방의 태도에 분노를 느낄 수 있습니다.

S씨는 어릴 때 부모님이나 조부모님으로부터 '미리미리 행

동할 것', '말하기 전에 미리 헤아려서 움직일 것'을 강요받으며 성장했습니다. 빨리 행동하지 않으면 '부모를 무시하는 것이냐!', '그런 태도는 뭐냐!'라는 말을 들으며 혼났다고 합니다. 어린 시절의 그런 경험 때문에 '미리 행동하는 것은 당연하다, 그렇게 하지 않는 것은 상대방을 우습게 보기 때문이다'라는 인식이 뇌리에 새겨진 것입니다.

그래서 S씨는 동료들이 마감이 다 되도록 제출하지 않는 것은, 즉 빨리 행동하지 않는 이유는 '자신을 우습게 여기기 때문이다'라는 잘못된 인식을 지니고 있었습니다.

S씨도 상담을 계속 이어가면서 자신의 속마음을 깨닫게 되었습니다. 동료들이 기한이 임박해도 미리 제출하지 않아서 화가 난 줄 알았는데, 어쩌면 자신을 우습게 여긴다는 생각이 들어 화가 났을지도 모른다는 것이었습니다.

기한이 임박해서 제출하는 것이 자신을 우습게 여기는 행동이 아님을 이해하면서 동료들에 대한 강한 분노도 점차 사라졌습니다.

이처럼 어릴 때 부모에게 들은 말은 당신이 생각하는 것보다 훨씬 큰 영향을 미칩니다. S씨처럼 자신이 미처 알지 못한 잘못된 인식을 심어줄 수도 있습니다.

왠지 모르겠지만 그렇게 되어버린다거나 왠지 모르겠지만

이런 '나'라도 그런 '마음'이라도 괜찮다

억제하지 못하는 감정이 있다면 그 '왠지'가 어디에서 비롯되었는지 집중적으로 살펴볼 필요가 있습니다.

마감까지 여유가 있는데도 '서둘러야지'라는 조바심이 생긴다면 '왜 서둘러야 하지?', '서두르지 않으면 어떻게 되지?'라고 차례로 질문해보세요. 질문의 답이 나오면 '그건 왜지?', '왜 그렇게 느끼지?'라고 질문을 거듭하여 자신의 본심에 도달하는 것입니다.

왠지 모르겠지만 그렇게 되어버리는 것에서 벗어나는 가장 빠른 길은 '왜 그런가?'에 대한 답을 찾아내는 것입니다.

'왜 그런가?'의 원인이 과거의 경험에서 비롯된 영향이라는 사실을 알면 다음과 같은 새로운 인식으로 덮어씌울 수 있습니다.

'어릴 때 그런 것일 뿐이니 지금은 그러지 않아도 돼.'

'부모님이 그렇게 말했다고 모두가 그렇게 생각하는 것은 아니야.'

속마음을 말하려고 하면
눈물부터 나와요

진짜 속내를
말하려고 하면
감정이 먼저 복받쳐요

면담이나 면접, 회의 등 자신의 의견을 말해야 하는 상황에서 눈물이 날 것 같거나 실제로 참지 못하고 눈물을 흘리는 사람이 있습니다. 친구나 연인에게 자신의 마음을 냉정하게 전하고 싶은데 눈물이 먼저 나는 사람도 있습니다.

이런 자신의 모습에 스스로 당황하여 상담받으러 오는 사람이 의외로 많습니다. 슬프다거나 분한 것도 아닌데 눈물이 나는 데는 다 이유가 있습니다.

취업준비생입니다. 면접을 대비해서 연습하고 있는데

자꾸 눈물이 날 것 같아서 고민이에요.

학창 시절 선생님께 심하게 꾸중을 들었다거나 상처받은 적이 있는 것은 아닙니다. 나에 대해 이야기하려고만 하면 눈물이 날 것 같은 느낌이 듭니다. 그뿐만이 아닙니다. 친구들과 다투거나 나의 속마음을 이야기하려고 할 때도 울컥합니다. 나는 이렇게 생각한다, 이렇게 해주길 바란다, 담담하게 전하고 싶을 뿐인데 눈물이 날 것 같아서 말을 잇지 못해요.

'걸핏하면 운다', '울면 해결된다고 생각한다', '생각이 무르다' 이런 말을 들은 적도 있어서 정말 꼭 고치고 싶어요.

슬픈 일이 있는 것도 아닌데 나도 모르게 저절로 눈물이 나는 이유는 주로 3가지입니다.

첫 번째는 눈을 보호하는 분비물 역할의 눈물입니다. 눈을 깜빡이면 눈물이 나면서 일정한 두께로 눈의 표면을 감싸 건조해지는 것을 막아줍니다.

두 번째는 자극을 받았을 때 나오는 반사적인 눈물입니다. 먼지 등이 눈에 들어갔을 때 나오는 눈물은 순식간에 이물질

이런 '나'라도 그런 '마음'이라도 괜찮다

을 씻어내 자극을 줄여줍니다.

세 번째는 정동(情動)의 눈물입니다. 일시적으로 급격하게 감정이 격해질 때 눈물샘이 자극되어 눈물이 납니다.

슬플 때나 기쁠 때는 싱겁고 달콤한 눈물이 나고, 화가 났을 때나 억울할 때는 나트륨의 양이 늘어나 짭짤한 눈물이 난다고 합니다.

S씨는 세 번째인 '정동의 눈물'에 해당합니다. 눈물샘을 자극하는 것은 스트레스입니다.

스트레스라고 하면 나쁜 이미지가 먼저 떠오르지만 슬픔, 분노, 기쁨, 분함, 불안, 긴장 등의 감정이 작용해도 뇌의 입장에서는 모두 스트레스입니다.

S씨는 어렸을 때부터 자신의 속마음을 말하는 것에 서툴렀습니다. 자신의 속마음이나 기분을 말하면 으레 가족으로부터 '넌 좀 이상해', '보통은 그렇게 생각하지 않아', '괴짜구나' 등의 말을 들었기 때문입니다.

S씨는 '내 생각은 이상하다', '나는 괴짜다'라는 믿음이 강해진 나머지 점차 속마음이나 생각을 말하지 않게 되었습니다.

그러면서 주위 사람들에게 맞춰가던 것이 성인이 되어서까지 굳어진 것이죠.

친구가 '이거 좋지?'라고 말하면 자신은 그렇게 생각하지 않아도 '응, 좋아'라고 동의했습니다. 속마음을 말하지 않고 상대방에게 맞추면 자신이 이상하다는 사실이 알려질 일은 없다고 생각했기 때문입니다. 자유롭게 속마음을 말하기보다는 속마음을 감추고 상처받지 않는 쪽을 선택한 것이죠.

속마음을 편하게 말해도 될까요?

S씨가 면접을 연습할 때와 친구와 다툴 때 눈물이 날 것 같다고 이야기했는데, 2가지의 공통점은 자신의 속마음이나 생각을 말하려고 한다는 것입니다.

어릴 적 부모님에게 들었던 말에 상처받았던 S씨는 '자신의 속마음이나 생각은 말하지 않겠다'는 선택을 하며 살아왔습니다. 그 결과, 속마음이나 생각을 말하는 것 자체가 스트레스가 되어 눈물샘을 자극하고만 것입니다.

이 문제를 해결하는 효과적인 방법은 속마음을 말하는 데 익숙해지는 것입니다. 그러려면 속마음을 전하는 횟수가 많아져야겠죠. 자꾸 하다 보면 당연한 것이 되고 익숙해지면

이런 '나'라도 그런 '마음'이라도 괜찮다

스트레스로 느끼지 않게 됩니다.

신뢰할 수 있는 사람이 있으면 조금씩 자신의 속마음을 이야기해보는 것도 좋습니다. 가까이에 그런 사람이 없다면 일기나 노트에 자신의 속마음을 적는 것부터 시작해보세요.

단, SNS에 속마음을 적는다면 댓글이나 답장 기능은 꺼둘 것을 추천합니다. 익명성이 높은 SNS에서는 긍정보다 부정적인 댓글의 비율이 훨씬 높기 때문이에요. 속마음을 적었다가 안 좋은 댓글을 발견하면 오히려 더 큰 상처와 스트레스를 받을 수 있겠죠.

자신의 속마음을 말하면 부정당한다는 생각이 강할 때는 부정적인 반응을 가능한 피하면서 '속마음은 말하지 않는 편이 좋다'라는 생각이 느슨해지도록 계획을 짜는 것이 중요합니다.

그럼에도 속마음을 말하기가 두렵거나 생각을 이야기하는 것에 저항감이 있을지도 모릅니다. 속마음을 말하지 않는다고 인생이 끝나는 것은 아니므로 그것대로 괜찮습니다. 속마음을 말하지 못하는 자신을 탓할 이유도 없고 우울해할 이유도 없습니다.

다만, 면접이나 회의 등 아무래도 자신의 속마음이나 생각을 말하지 않으면 안 되는 경우가 있습니다. 그럴 때는 미리 충분히 연습해서 '지금 말하는 것은 속마음이 아니다'라고 규정하는 방법도 있습니다.

그 자리에서 즉흥적으로 속마음을 말하는 것이 아니라 사전에 생각해둔 것을 실전에서 말한다는 감각입니다.

사전에 연습한 답을 말하는 것이라면 뇌는 스트레스를 그다지 크게 느끼지 않습니다. 자신의 속마음이 '연습한 대답'으로 변하기 때문입니다.

연습 초기 단계에서는 아무래도 '자신의 속마음'이기 때문에 눈물이 날 것 같지만, 연습을 반복하다 보면 익숙해져서 점점 눈물이 나지 않게 됩니다.

'연습하지 않은 것을 물어보면 눈물이 나지 않을까?' 하고 불안을 느낄 수도 있지만 안심하세요. 속마음을 생각하고 말하는 연습을 반복하다 보면 자연스럽게 뇌가 익숙해집니다. 연습 중에 눈물이 나오지 않을 정도라면 속마음을 말하는 데 상당히 익숙해졌을 것입니다.

이처럼 속마음을 말할 수 있게 되려면 나름대로 연습이 필요합니다. 연습할 때 '그러면 안 돼', '이상해'라는 비난을 받으면 의욕이 사라집니다.

그렇기 때문에 우선 속마음을 말하려고 할 때 눈물이 나는 자신을 비난하지 않는 것부터 시작해야 합니다.

이런 '나'라도 그런 '마음'이라도 괜찮다

눈물이 나는 자신을 더 이상 탓하지 않게 되었다면 다음은 자신을 긍정할 차례입니다. 과거의 영향으로 속마음을 말하지 않는 편이 좋다고 생각해온 것일 뿐 '실은 속마음을 말할 수 있는 사람일지도 모른다'라는 가능성을 믿는 것부터 시작해보세요. 속마음을 말하는 연습은 그 후에 해도 괜찮습니다.

나는 나를 사랑하지 않고,
나 자신이 싫어요

'있는 그대로 괜찮다'라는 말이 무슨 의미인지 잘 모르겠다.

[특집] 있는 그대로의 나를 사랑하자!

한심한 내가 괜찮다니 있을 수 없는 일이다.

어떤 나라도 사랑할 수 있다고? 아무래도 무리다.

애초에 있는 그대로의 나를 받아들일 리 없어.

아버지를 닮은
나 자신을
좋아할 수 없어요

'있는 그대로 괜찮다'와 같이 자기긍정감이라는 말이 널리 퍼져 있는데도, '나 자신이 좋아지지 않는다', '나 자신이 소중하지 않다'라는 고민 상담이 크게 늘어나는 이유는 무엇일까요?

외모나 능력이 뒤떨어진다는 이유로 자기 자신을 좋아할 수 없다고 하는 사람도 있고, 다른 누군가와 비교해서 자신을 하찮게 생각하는 사람도 있습니다.

하지만 가장 심각한 문제는 '나 자신이 싫다'고 느끼는 경우입니다. 자신을 좋아할 수 없다는 수준을 넘어서서 애초에 자신이 싫다고 고민을 토로하는 사람들이 적지 않습니다.

　　있는 그대로도 괜찮다고들 말하잖아요. 근데 저는 그렇
　　게 생각할 수가 없어요. 괜찮기는커녕 나 자신이 싫고
　　심지어 혐오스럽다고 느낄 때도 많아요.
　　그런 기분이 들면 너무나 괴롭고 힘듭니다. 그래서 나
　　자신을 사랑하고 싶은데 도저히 그럴 수가 없어서 고민
　　이에요.
　　남들은 '당신은 너무 용기가 없다. 좀 더 긍정적으로 생
　　각하고 자신감을 가져라'고 조언해주지만, 나 자신이 싫
　　은데 어떻게 자신감을 가질 수 있을까요?

　　자신이 싫다고 거듭 말하는 A씨에게 자신의 무엇이 싫으
냐고 물었더니 '무엇이 어떻게 싫은 게 아니라 전부 다 싫다.
이런 내가 살아도 되나 싶다'라고 대답했습니다.
　　그래서 A씨의 어린 시절 가정환경에 대해 자세히 이야기를
들어보기로 했습니다. 이렇게 자신의 존재 자체를 부정하는
경우는 어릴 때 부모와의 관계에서 깊은 상처를 받았을 가능
성이 크기 때문입니다.
　　노골적인 무시나 학대는 물론이고 부모의 사랑이 부족했거

　　　　　　　　　　　이런 '나'라도 그런 '마음'이라도 괜찮다

나 어떤 일을 계기로 자신이 부모에게 방해되는 존재일지 모른다는 생각을 하게 되었다면, 아이는 '나는 없는 편이 좋다', '나는 사랑받는 존재가 아니다'라고 강하게 믿습니다.

누구보다 나를 가장 인정해주어야 할 사람(부모)에게 부정당하고 받아주지 않는다고 느끼는 것은 '살 가치가 없다'는 감정과 직결됩니다. 부모조차 있는 그대로의 나를 사랑해주지 않는데 다른 누군가가 사랑해줄 리 없다는 생각에 괴로운 것이죠.

결코 과장된 이야기가 아닙니다. 아이에게 부모는 그만큼 큰 존재이니까요.

나는 아버지와는
다른 사람이에요

"어머니는 내가 제일 소중하다고 말씀하시지만, 아버지에 대해서는 나쁜 말만 해요. 저도 아버지가 불륜을 저질렀다는 사실을 알고 나서는 아버지를 싫어했어요. 어머니와 같은 마음이었어요. 근데 저는 아버지의 얼굴이나 행동을 닮았다는 소리를 자주 들었습니다. 어머니가 정말로 싫어하는 아버지를 닮았다고 해서인지, 나 자신이 너무 혐오스러웠어요. 아버지를 닮은 나 자신을 도저히 좋아할 수 없습니다."

A씨가 그렇게까지 자신을 싫어하게 된 이유는 분명했습니다. 어머니가 아버지(남편)에 대해 좋지 않은 말만 계속했던 것이 원인입니다.

남편의 불륜을 누구에게도 말하지 못한 어머니는 자식에게라도 남편을 비난하면서 가까스로 마음을 다스리고 있었습니다. A씨도 '어머니는 나 때문에 이혼하지 않고 버티고 있는 것이다. 그러니 아버지의 험담 정도는 들어줘야 해'라는 책임감을 느꼈던 것이죠.

하지만 어머니의 아버지에 대한 험담은 자식의 부정으로 이어집니다. 어머니는 아버지와 자식은 별개라고 생각할지 모르지만 자식에게 아버지는 자신과 피가 섞인 존재이니까요.

이것은 어머니에게만 국한된 이야기가 아닙니다. 아버지가 어머니를 험담하는 경우나 조부모가 부모를 험담하는 경우도 마찬가지입니다. 그것을 듣는 아이는 간접적으로 자신의 존재를 부정당한 것처럼 느낍니다.

부모님은 자식을 괴롭히려고 일부러 그런 것이 아닙니다. 물론 의도적으로 자식을 괴롭히려고 하는 부모도 있지만, A씨의 경우는 그렇지 않습니다.

이런 '나'라도 그런 '마음'이라도 괜찮다

어머니에게도 뭔가 사정이 있었을지 모르고, 모든 것을 떠나서 애초에 아버지가 나쁜 사람이라는 의견도 있을 것입니다.

하지만 누가 나쁘다는 이야기가 아닙니다. 어떤 사정이 있었다고 해도 부모의 말과 행동은 이렇게까지 자식의 사고방식에 영향을 준다는 사실입니다.

부모에게 별다른 악의가 없고 그럴 의도로 말한 것이 아니라 하더라도 자식은 마음속으로 깊은 상처를 받을 수 있습니다.

어머니가 아버지를 싫어함으로써 간접적으로 자기 자신을 싫어하게 되었다는 사실을 A씨는 상담을 통해 알게 되었습니다. 다시 말해 자기 자신이 싫다기보다는 '어머니가 싫어하는 아버지를 닮은 내가 싫다'는 사실을 깨닫게 된 것입니다.

심지어 어머니가 싫어한 사람은 아버지라는 것, 아버지와 자신은 다른 사람이라는 것을 시간을 두고 깨달아나갔습니다. 상담 후 몇 달이 지났을 무렵에는 '예전만큼 나를 싫어하지 않게 되었다'며 웃는 얼굴을 보일 정도까지 개선되었습니다.

자신을 사랑할 수 있다는 것은 멋진 일입니다. 하지만 세상에는 여러 가지 이유로 인해 자신을 좋아하지 못하는 사람들도 있습니다. 좋아하기는커녕 A씨처럼 자기혐오감을 품고 사는 사람도 많습니다.

자신을 좋아하시 않아도, 심지어 자신을 싫어해도 전혀 이상한 일이 아닙니다. 좋아하지 않는다는 생각에는 반드시 원인이 있기 때문입니다.

태어나면서부터 자신이 싫은 아기는 없습니다. 아기가 세상에서 처음 만나고 가장 밀접한 관계를 맺는 사람은 부모입니다. 어릴 적 부모와의 관계가 어땠는지는 '있는 그대로의 나를 사랑할 수 있느냐'의 여부에 매우 강한 영향을 미칩니다.

누구나 부러워하는 외모와 두뇌를 가지고 있는 사람도 자신을 싫어하는 경우가 있습니다. 자신을 좋아하거나 싫어하는 것은 반드시 주위와의 관계에서 비롯됩니다.

그렇다고 해서 어릴 때 '있는 그대로도 좋다'라고 생각할 수 없었으니 포기하라는 것이 아닙니다. 지금 '있는 그대로도 좋다'라고 생각하지 못하는 이유는 당신이 나쁘거나 부족한 탓이 아니라 어릴 때 그렇게 생각하지 못했던 것이 지금까지 이어져왔을 뿐이라는 사실을 깨닫기 바랍니다.

이제 어른이 된 당신은 어린 시절과는 달리 부모에게 인정받지 못해도 살아갈 수 있습니다. 어릴 때는 부모님 밑에서

이런 '나'라도 그런 '마음'이라도 괜찮다

살아야 했지만 지금은 자기가 어디에 살지를 선택할 수 있습니다. 누구와 어떻게 관계를 맺으며 살지는 스스로 결정해야 합니다.

지금의 당신은 스스로 자신을 인정하며 살아갈 수 있습니다. 일단 자기 자신을 믿어보세요.

스스로 결정하지 못하고, 결정해도 자신이 없어서 내 생각이 없다는 느낌이 들어요

자신의 의견을 말하는 것이 서툴다.

뭐 먹을까?

뭐하며 놀까?

음...

뭔가 결정해야 할 때는 누군가와 상의하지 않으면 불안하다.

상사

기획

이번 건에 대해서 말인데요....

뭔가 하나 정하려고 해도 시간이 무척 많이 걸린다.

역시!

플랜A로 갑시다!

반짝

신속한 결정!

저렇게 되고 싶어!!

뭐든 남에게 미룬다니까.

자기 생각이 없는 거야?

그 정도는 알아서 결정하라고!

우유부단

나는 옛날부터 뭔가를 결정하는 데 서툴다.

스스로 결정하려면 어떻게 해야 할까?

뭐든 스스로
결정하기 힘든데,
이래도 될까요?

'나 스스로 아무것도 결정하지 못한다.'

'스스로 결정한 일에 자신이 없다.'

'뭔가 하나를 정하는 데 시간이 너무 오래 걸린다.'

'누군가의 결정에 맡기는 것이 편하다.'

이렇게 느낀 적이 없나요?

왜 이런 질문을 하는가 하면 스스로 결정하지 못하는 것 자체는 문제가 아님을 알려드리기 위해서입니다. 누군가와 상의하는 편이 좋을 때도 있고, 뭐든 빨리 결정하는 편이 반드시 좋은 것만은 아닐 때도 있습니다. 세상에는 자신이 정한

대로 살기를 바라는 사람도 너무 많아서, 누군가의 결정에 따르는 것을 선호한다고 해서 나쁘다고 할 수만은 없습니다.

하지만 그런 자신이 못마땅하거나 바꾸고 싶다면 한번 떠올려봅시다.

바로 어린 시절의 기억입니다.

당신이 스스로 무언가를 결정했을 때 부모님은 어떤 반응을 보였나요?

부모님이 당신의 결정을 응원하고 당신의 의견을 이해한다고 느꼈나요? 아니면 '너에게는 무리다', '넌 할 수 없다' 등의 부정적인 말을 듣거나 반대하셨나요?

자신의 의견을 부모에게 부정당한 적이 많았다면 자신감을 지니기 어렵습니다. 과거에 부모와의 관계를 통해 얻은 '나의 의견은 부정된다'라는 이미지가 타인에게도 발현되기 때문입니다.

그 밖에 부모가 자식을 대신해서 여기저기 나서서 결정해버리는 경우도 있습니다. '엄마가 해줄게', '아빠 말대로 하면 돼'와 같이 부모가 시키는 대로 따라온 아이는 뭔가를 결정하는 데 익숙하지 않습니다. '스스로 아무것도 결정하지 못한다'며 우울해하는 사람이 많지만, 사실은 할 수 없는 것이 아니라 익숙하지 않을 뿐입니다.

이런 '나'라도 그런 '마음'이라도 괜찮다

아무것도 스스로 결정하지 못해요. 그래서 점심 메뉴나 목적지조차 남에게 맞춥니다. 가끔은 스스로 결정하기도 하는데, 그럴 때면 이래도 될까 하는 불안감에 결국 누군가를 따라 합니다.

나한테 결정하라고 하면 머릿속이 하얘지고 결정할 때까지 엄청나게 시간이 걸립니다. 더 괴로운 일로 찾아오는 사람들도 많을 텐데, 고작 이런 일로 상담하러 와서 부끄러울 따름입니다.

스스로 아무것도 결정하지 못하는 자신이 너무 고민스러워 밤잠을 설치는 일이 잦다고 하소연하는 경우입니다. 그럼에도 자신의 고민을 '고작 이런 일'이라고 과소평가했습니다.

Y씨가 이러한 상황에 빠진 원인은 과거에 있었습니다. 당시 다니던 정신과에서는 '당신보다 더 힘든 사람이 많다', '당신은 아직 운이 좋다'라고 말했다고 합니다. 그래서 '이 정도는 고민할 일도 아니다', '나는 아직 문제없다'는 생각으로 열심히 살았는데, 더 이상 버티기 힘들어서 상담 신청을 했다고 토로했습니다.

우선 한 가지 중요한 점을 말씀드릴게요.

고민에 크고 작은 것은 없습니다. 겉만 번드르르한 말처럼 들릴지 몰라도 사실입니다. 그래서 당신보다 힘든 사람들이 얼마든지 많다고 해도 '고작 이런 일'이라고 생각할 필요 없습니다. 그 사람도 힘들고 당신도 힘듭니다.

다른 누군가에게는 당신의 고민이 작게 비쳐질지 몰라도 당신에게는 자신의 고민이 가장 큰 일입니다.

고민하다 보면 몸도 마음도 에너지가 소모됩니다. 당신이 지금 고민한다는 것은 이미 상당히 노력하고 있다는 증거이니 더 이상 자신을 몰아붙이지 마세요.

신속하게 후회 없이
결정하고 싶어요

앞서 말씀드렸듯이 '스스로 결정하지 못한다'는 고민 역시 대개 어린 시절 부모와의 관계가 큰 영향을 미칩니다. Y씨의 고민은 어릴 때부터 어머니가 나서서 대신 결정해준 경험에서 비롯되었습니다.

무슨 일이든 '넌 이렇게 해'라며 어머니가 정해줬고, 학교에서 어떤 문제가 생기면 '엄마한테 맡겨'라며 어머니가 대신 상담했습니다. 심지어 '학원에 같이 다닐 친구가 없다'고 고민

이런 '나'라도 그런 '마음'이라도 괜찮다

하면 어머니가 친구 집에 연락해서 부탁해줬다고 합니다.

과잉간섭이라는 속박이 아이가 스스로 생각하고 결정할 기회를 빼앗은 것입니다. 이런 일이 반복되다 보면 아이는 스스로 생각하는 것을 멈춥니다. '어차피 부모가 해준다', '어차피 부모가 시키는 대로 해야 한다'는 상황이 거듭되다 보면 생각하는 행위 자체를 하지 않게 되는 것이죠. 그 결과 '스스로 생각하지 못하는' 어른이 된 것입니다.

우선 '스스로 생각하지 못한다'라는 생각 자체를 버리는 것부터 시작해야 합니다. 생각할 능력이 없어서 생각하지 못하는 것이 아니라 어릴 때부터 스스로 생각하는 것에 익숙하지 않았을 뿐이라는 사실을 이해해야 합니다. 이것은 가장 많은 시간이 필요한 단계이기도 합니다. 그러므로 조급하게 여기지 말고 스스로를 천천히 다독여주세요.

그런 사실을 진심으로 납득할 수 있으면 절반 이상 해결된 것이나 다름없습니다. 나머지는 스스로 연습을 반복하면 됩니다.

우선 오늘 뭘 먹을지, 어디로 갈지를 혼자 결정하는 것부터 시작해보세요. 결정권이 오롯이 나에게 있는 것, 어떤 결정을 해도 누구에게도 폐가 되지 않는 것부터 도전하면 걱정거리가 줄어들어서 결정을 내리기가 한결 수월합니다.

처음 몇 주 동안은 결정하기까지 시간이 걸릴 수도 있습니다. 시간만 허비하고 결정하지 못할 수도 있습니다. 그렇다 하더라도 자신을 탓하지는 마세요. '스스로 결정해보자'라고 마음먹은 것만으로도 충분하니까요. 스스로 결정하기 위해 노력했다면 '잘했다'고 자신을 칭찬해주세요.

그동안 하지 못했던 것들에 실제로 도전해봤다면 그것만으로도 대단한 일이니까요.

주위 사람들은 스스로 생각하고 결정할 수 있는데 자신만 그렇지 않다고 느껴지면 기분이 우울해지는 것도 당연합니다.

하지만 우울해진다는 것은 당신이 열심히 노력하고 있다는 증거입니다. 그러니 '우울해질 정도로 열심히 하고 있구나'라고 자신을 격려해주세요.

그럼에도 여전히 우울하다면 사실을 객관적으로 바라보세요. 스스로 생각하고 결단을 내릴 수 있는 사람은 어릴 때부터 그렇게 살아온 사람입니다.

마흔 살이라면 대략 35년 이상은 스스로 결정하는 삶을 살았을 것입니다. 하지만 당신은 지금부터 도전해서 익숙해져 가는 단계입니다. 35년 이상의 경력자와 비교하는 것은 초보자가 프로 선수와 비교하는 것과 같습니다. 그렇게 생각하면 비교 자체가 난센스라고 생각되지 않나요?

이런 '나'라도 그런 '마음'이라도 괜찮다

그런데도 무심코 다른 사람과 비교하고 우울해한다면 '아직 나는 익숙하지 않을 뿐'이라는 사실을 떠올리기 바랍니다. 당신은 이제부터 시작이니까요.

Chapter_2

그만큼 열심히
살았다는 거예요

좋아하는 사람에게 고백받은 순간
왠지 상대방이 거북해져요

나 같은 사람을
좋아할 사람이
있을까요?

$$\smile \quad \cdot^{*}$$

짝사랑하던 사람과 맺어진 순간 갑자기 상대가 거북하고 생리적으로 내키지 않을 정도로 혐오감이 생겨서 의아해했던 적은 없나요?

'음식을 게걸스럽게 먹는다', '배려가 부족하다' 등의 이유로 싫어지거나 '메뉴 선택이 늦다', '패션이 촌스럽다' 등의 이유로 사랑이 식어버리는 경우가 있습니다. 데이트 중에 사소한 행동이 신경 쓰여서 심적으로 거부감이 생기기도 합니다. 누군가와 가까워지면 지금까지 몰랐던 부분을 알게 되어 좋을 때도 있지만 생리적으로 도저히 받아들일 수 없는 모습에 당황할 때도 있습니다.

비유하자면 어둑어둑한 방에서는 보이지 않던 먼지나 쓰레기가 밝은 방에서는 또렷이 보여서 신경 쓰이는 것과 같이 지금까지 보이지 않았던 모습이 드러나기 시작하면서 한순간에 감정이 변하는 것입니다.

그런 나 자신이 싫거나 주위로부터 '지나치게 완벽을 추구한다', '상대방의 좋은 점을 봐라' 등의 비판적인 말을 듣고 마음이 불편하기도 합니다. 하지만 그런 자신의 기분을 비난할 필요 없습니다. 내가 느낀 것이 사실이니까요.

처음에 느꼈던 위화감, 특히 생리적인 혐오감은 본능적이기 때문에 쉽사리 사라지지 않습니다. 당시는 참을 수 있을지 몰라도 언젠가는 참지 못하고 폭발할 가능성이 매우 높습니다. 주위 사람들은 '그 정도로?', '그런 일로?'라며 이해해주지 않더라도 당신만큼은 자기편이 되어주어야 합니다. 좋고 싫은 것은 사람마다 다르니까요. 당신이 싫다면 그 느낌도 존중해주어야 합니다.

그 밖에 낮은 자기긍정감으로 인해 기분이 바뀌는 경우도 있습니다.

이럴 때는 생리적으로 내키지 않는 이유를 스스로도 확실히 알 수 없습니다. 결정적인 어떤 일을 겪었다든가 상대방의 어떤 점이 싫은 것이 아니라 '그냥' 싫은 것이니까요.

소개받고 알고 지내던 T씨로부터 정식으로 고백을 받았습니다. 하지만 막상 교제를 시작하려니 왠지 기쁘지가 않았습니다. 그토록 사귀고 싶었던 사람인데도 말이죠. 물론 그 자리에서는 '네, 잘 부탁드려요'라고 대답은 했어요. 상상했던 일이 갑자기 이뤄져서 너무 놀란 나머지 기쁨을 느끼지 못한 거라고 당시에는 대수롭지 않게 생각했어요. 하지만 데이트를 해도 즐겁지 않고, 뭐랄까 그냥 거북해지는 거예요.

정말 멋진 사람에게 고백을 받았는데, 저처럼 인기 없는 여자가 '거북하다'고 생각하다니! 아무래도 지나친 실례가 아닐까 싶어요. 도대체 왜 이러는 걸까요?

결혼정보업체의 소개로 만난 T씨라는 남자에게 호감을 느꼈고 '이 사람과 사귀고 싶다'고 생각했습니다. 그러다 몇 번인가 연락을 주고받으며 서로를 알아가던 중에 T씨로부터 정식으로 교제 신청을 받았습니다.

사귀고 싶은 사람에게 고백을 받으면 가슴이 벅찰 정도로 기쁜 게 당연한데도, S씨는 어째서인지 기쁘지가 않았다는군요. 오히려 사귀기로 하고 나서 갑자기 T씨가 거북해졌다고 합니다.

그래서 "T씨의 말이나 태도가 갑자기 달라졌나요? T씨의 어떤 점이 거북한가요?"라고 물었습니다. 그러자 S씨는 고개를 저으며 다음과 같이 대답했습니다.

"T씨는 변한 게 없어요. 솔직히 무엇이 거북한지도 잘 모르겠어요. 무슨 일이 있어서 기분이 나빴다든가, 어떤 행동이 싫었다든가 그런 것도 없어요. 하지만 다행이에요. 볼품도, 잘난 것도 없는 나 같은 사람을 좋아한다는 것도 이상한 일이니까요. 계속 사귀었어도 어차피 금방 차였을 거예요."

이런 '나'라도 좋아한다고
생각하고 싶어요

S씨의 심경이 변화한 이유는 너무 낮은 자기긍정감에 있었습니다. T씨를 멋진 사람이라 생각하고 사귀기를 바라는가 하면, 한편으로 T씨와는 어울리지 않는 자신 때문에 괴로워하고 있었습니다.

당신의 눈앞에 더러운 장화가 있다고 상상해봅시다. 지저

분하고 너덜너덜하며 밑창에는 구멍까지 뚫려 있어서 도저히 신을 수 없는 상태입니다.

이 장화를 보고 '우아! 대단해! 가치가 높은 장화야' 하고 극찬하는 사람이 있다면 당신은 어떤 생각이 들까요? 보는 눈이 없다고 느끼거나, 가치관이 맞지 않다고 느끼거나, 진실을 볼 줄 모른다고 느낄지 모릅니다. 이런 사람과는 가까이하고 싶지 않다며 선을 그어버릴 수도 있겠죠.

'나는 가치 없는 사람이다', '나 따위는……'이라고 생각하는 사람은 자신을 '더러운 장화'라고 믿는 것과 다름없습니다. 당신을 칭찬하고 좋다고 말하는 사람이 나타났을 때, 너덜너덜한 장화를 칭찬하는 사람에게 느낄 만한 부정적인 감정이 생기는 것이죠.

S씨는 '나 따위는'이라는 자기부정적인 생각이 너무 강해서 자신에게 호의적인 사람에게조차 부정적인 생각을 품었습니다.

'이런 나를 좋아하다니 사람 볼 줄 모르네', '가치가 없는 나를 좋아하다니 이상한 사람이 아닐까?'라는 식으로 상대에게 느끼던 매력이 급격히 식어버린 것입니다.

이런 경우라면 갑자기 변심한 자신을 비난하지 않는 것이 무엇보다 중요해요. 갑자기 변심한 이유가 당신이 제멋대로

이거나 성격상의 문제가 있기 때문이 아닙니다. 명확한 이유
가 따로 있습니다. 그러므로 자신을 비난해서는 안 됩니다.

자신에게 호의를 보인 사람을 '거북하다'고 느낄 정도로 자
신감이 없는 상태에서 자신을 비난하면 점점 더 나락으로 빠
질 뿐입니다.

왜 그런지 모르겠지만 상대가 갑자기 거북하다, 자신을
좋아해주는 사람인데도 혐오스럽다, 자꾸 자신을 부정한
다……, 이런 상태라면 일단 먼저 그 사실만 그대로 인지하
세요.

좋고 나쁘다는 판단도 하지 말고 '지금은 이런 상태이구나.
그걸로 괜찮아' 하고 받아들이는 것이 자신을 축으로 삼는 삶
을 살기 위한 큰 걸음입니다.

이런 '나'라도 그런 '마음'이라도 괜찮다

돈을 모아야 하는데
쇼핑을 멈출 수가 없어요

나의
스트레스
해소법.
그건…

쇼핑

쇼핑은
누구의 방해도
받지 않는
유일한 시간.

잔고

26,520원

돈을 좀
모아야 하는데
쇼핑을
멈출 수가 없다!

우울할 때마다
쇼핑으로
기분을 풀어요

'쇼핑을 멈출 수 없어', '돈을 모아야 하는데 버는 족족 다 써 버렸어'라고 생각한 적이 있으신가요?

뭔가를 갖고 싶다는 욕구는 인간이 가지는 자연스러운 현상이며 갖고 싶은 것을 사는 것도 필요합니다. 뭐든지 참기만 하면 마음이 건강해지지 않습니다. 그러니 갖고 싶다는 생각이나 갖고 싶은 것을 사는 것 자체는 문제가 아닙니다.

갖고 싶은 것을 사서 '기쁘다', '즐겁다'라고 진심으로 느낀다면 아무런 문제가 없습니다.

하지만 갖고 싶은 것을 샀는데도 불과 얼마 지나지 않아서

이런 '나'라도 그런 '마음'이라도 괜찮다

또 쇼핑을 한다거나 '통장 잔고'를 걱정할 정도로 죄책감이 밀려온다면 쇼핑이라는 행동이 당신을 괴롭히고 있는 것입니다. 원해서 사는 것이 아니라 힘들고 고통스러운 '뭔가'를 달래기 위해 쇼핑하는 것일지도 모릅니다.

갖고 싶어서 사는 것이라면 '갖고 싶다'는 마음이 충족되어 만족감이 생깁니다. 하지만 힘들고 고통스러운 일을 달래기 위한 쇼핑은 뭔가를 사더라도 '힘들고 고통스러운' 마음이 해소되지 않습니다. 만족감이 생기지 않으니 쇼핑을 멈출 수 없겠죠.

비유하자면 다이어트 중에 케이크가 먹고 싶은 것을 참고 대신 저칼로리 젤리를 먹는 것과 같습니다. 아무리 젤리를 많이 먹어도 '케이크를 먹고 싶다'는 욕구는 충족되지 않습니다. 그것과 마찬가지로 욕구와 실제 행동에 차이가 있으면 불만이 해소되기 어려운 것이죠.

도저히 쇼핑을 멈출 수 없다, 게다가 쇼핑을 한 후에 죄책감이 강하게 생긴다면 힘들고 고통스러운 뭔가를 안고 있을 가능성이 큽니다. 다니는 직장이나 학교에서 뭔가 힘든 일이 있다거나 누군가에게 시달리고 있을 수도 있겠죠. 아니면 어릴 때 많이 참고 살았다거나 과거의 어떤 기억에 발목이 잡혀 있을 수도 있습니다.

'뭔가'를 달래기 위한 쇼핑을 멈추지 못해 죄책감이 느껴진다고 하는 사람의 이야기를 들어볼까요?

쇼핑을 멈출 수가 없어요. 아직은 버는 게 더 많지만……. 제가 낭비벽이 있는 것 같아요. 이러다가 아버지처럼 빚까지 낼까 봐 두려워요! 어머니는 "언니는 나를 닮아 저금을 잘하는데, 넌 한심한 그 사람(아버지)을 닮아서 전부 써버리잖니. 넌 그 사람 집안 내력을 이어받았는지 낭비벽이 있어"라는 말을 자주 하세요. 부모님은 제가 초등학생 때 이혼하셨고 지금은 어머니랑 언니랑 셋이 살고 있거든요. 언젠가는 독립하고 싶고, 장래를 생각하면 슬슬 돈도 모아야 하는데 쇼핑을 멈출 수가 없어서 고민이에요.

철이 들 때부터 '한심한 아버지'처럼 낭비벽이 있다는 어머니의 말에 시달려왔다고 합니다. 실제로는 낭비벽이라고 할 정도로 큰돈을 쓰지는 않지만 자신에게는 낭비벽이 있다는 강한 믿음이 있어서 '돈을 쓰는 것 = 낭비 = 한심한 일'이라는 공식을 갖게 되었습니다.

그뿐만이 아닙니다. '어머니가 싫어하는 아버지와 똑같은

이런 '나'라도 그런 '마음'이라도 괜찮다

짓(낭비)을 하다가는 어머니에게 미움받을 것'이라는 두려움도 품고 있죠.

이처럼 과거에 부모에게 들은 말은 어른이 되고 나서도 사고방식이나 행동에 큰 영향을 미친다는 사실을 알 수 있습니다.

예를 들어 어릴 때 '돈을 축내는 벌레'라는 말을 들으며 자랐다면 자신을 위해 돈 쓰는 것을 어려워할 수 있습니다. '낭비한다'는 말을 계속 들었다면 뭔가를 살 때 '낭비인가?' 하고 필요 이상으로 자기 검열을 하기도 합니다.

A씨는 원하는 것을 살 때뿐만 아니라 생필품을 살 때조차 '아, 또 돈을 써버렸네. 아버지처럼 낭비벽이 멈추지 않아. 난 왜 이렇게 한심한 걸까'라며 자신을 책망했습니다. 이처럼 자신에 대한 책망이 한층 더 큰 스트레스를 낳았고 그 스트레스를 어떻게든 해소하기 위해 또 다른 뭔가를 사는 악순환에 빠져 있었습니다.

A씨에게 "요즘은 어떨 때 쇼핑에 빠지나요?"라고 질문하자 다음과 같이 대답했습니다.

"음……. 지난 주말인가? 일하다가 실수를 해서 상사에게 크게 혼났어요. 그렇게까지 말하는 건 너무하는 거 아닌가 하는 반발심이 생길 정도로 심한 말을 듣고 슬프기도 했지만 화가 나서 견딜 수가 없었어요. 그래서 퇴근하고 홧김에 쇼핑하러 갔어요. 딱히 갖고 싶지 않았지만 무턱대고 사버려서 나중에 몹시 후회했죠."

쌓여가는 물건만큼
마음이 힘들었던 거예요

A씨는 자신의 마음을 전하는 것에 서툰 사람이었습니다. 그래서 상사에게 혼났을 때 아무에게도 하소연할 수 없었다고 합니다. 아무에게도 말하지 못했던 감정, 즉 '그렇게까지 말하는 건 너무하는 거 아닌가'라는 강한 분노가 갈 곳을 잃고 쇼핑이라는 형태로 발산된 것입니다.

쇼핑을 해서 기분 전환이 되면 좋겠지만 A씨는 그런 자신을 비난했습니다. 스트레스 발산을 위한 쇼핑이 오히려 점점 스트레스를 가중한 꼴이 된 것입니다.

이러한 경우에는 쇼핑을 한 자신을 비난하지 않는 것이 무엇보다 중요합니다. 나아가 자신이 왜 쇼핑을 했는지, 왜 그만둘 수 없는지를 깨닫고 자신의 행동을 스스로 인정해줘야 합니다.

A씨의 쇼핑은 분노를 발산하기 위한 방편이라고 할 수 있습니다. 쇼핑을 멈출 수 없었던 이유는 그만큼 마음이 상했기 때문입니다. 지금의 스트레스를 어떻게든 해소하려고 나름대로 생각해서 취한 행동이 바로 쇼핑인 것이죠. 그러니 우선은 '쇼핑을 멈출 수 없을 정도로 힘들었구나' 하고 자신을 감싸안고 '애썼다'며 위로해주세요.

쇼핑을 멈출 수 없어서 고민인 사람에게 '쇼핑에 집중하는 것은 역효과다', '좋지 않은 습관이니 그만두는 것이 좋다고 분명히 말해야 한다'는 의견도 있지만, 저는 그렇게 생각하지 않습니다.

왜냐하면 쇼핑을 그만두지 못하고 고민하는 사람은 이미 '멈추는 것이 좋다', '그만하고 싶다'라는 생각을 하기 때문입니다. 그런 말은 남이 거들어주지 않아도 자신이 제일 잘 알고 있습니다. 그럼에도 그만둘 수 없어서 괴로운 것이니까요.

멈추고 싶은데 멈출 수 없다면 우선 그런 자신을 긍정하는 것부터 시작해보세요. 쇼핑을 멈출 수 없는 자신을 긍정할 수 없다면 적어도 탓하지 않는 것만으로도 좋습니다. '스트레스를 풀려고 쇼핑을 하고 있다', '아직은 쇼핑을 멈출 수 없다'와 같이 그 사실만 그대로 받아들이면 됩니다. 지금 자신의 상태나 행동을 부정하지 않으면 새로운 스트레스가 생기는 것은 피할 수 있으니까요.

쇼핑 등 뭔가를 멈출 수 없는 의존 상태가 계속되면 혼자서는 좀처럼 빠져나오기 쉽지 않습니다. 그럴 때일수록 그만둘 수 없는 자신을 탓하기보다 '멈출 수 없을 정도로 힘든 상황에서 애쓰며 살고 있다'는 현실을 받아들이세요. 자신을 인정하고 긍정할수록 자신의 축은 강해집니다.

그리고 당신을 부정하지 않고 이야기를 들어줄 만한 사람이 있다면 이야기를 들어달라고 부탁해보는 것도 좋습니다. 그것만으로도 자신을 탓하는 횟수는 줄어들고 마음이 편해지는 것을 실감할 수 있을 거예요.

이런 '나'라도 그런 '마음'이라도 괜찮다

인간관계를 갑자기
정리해버릴 때가 있어요

사람을 오래
못 만나는 것도
문제 있는 거겠죠?

$$\left(\begin{array}{c}\star\\\end{array}\right.$$

일본어에 '단샤리(斷捨離)'라는 말이 있습니다. 원래 불교에서 유래한 개념인데, 불필요한 것을 버리고 집착을 끊는 것을 의미합니다. 일상적으로는 물건이나 관계에서 필요 없는 것을 과감히 정리하고 자신의 삶에 긍정적인 변화와 여유를 찾는 것을 말하죠.

인간관계에서는 사교로 참석하던 모임의 술자리를 거절하거나 사이가 좋지 않은 사람, 가치관이 맞지 않는 사람, 지금 자신에게 필요하지 않은 사람의 연락처를 지우고 관계를 끊는 것을 뜻합니다. 부정적이고 스트레스를 주는 관계를 끊

이런 '나'라도 그런 '마음'이라도 괜찮다

고, 건강하고 의미 있는 관계에 집중하자는 것이죠.

이처럼 자신의 의사로 인간관계를 끊는다면 시간이 지나도 후회하지 않을 것입니다. 지금 자신에게 필요한 사람과 그렇지 않은 사람을 구분하고 인간관계를 계속 이어가는 것이 좋을지 고민한 후에 선택한 것이니까요.

하지만 이렇다 할 이유 없이 초조하고 불안해서 갑자기 인간관계를 정리하는 경우는 늘 후회가 따르기 마련입니다. 자신도 충분히 납득하지 못한 채 '인간관계를 끊는' 결단을 내리기 때문입니다.

그래서 그런 자신이 어딘가 좀 이상한 사람이 아닌가, 너무 매몰찬 건 아닐까, 하는 고민을 하는 분도 있지만 그렇지 않습니다. 이상할 것도 없고 매몰찬 사람도 아닙니다.

지금까지의 인간관계를 갑자기 끊을 정도로 초조하고 불안한 상태였다는 뜻이니, 더 이상 자신을 몰아붙이지 마세요.

자신의 행동을 부정할 필요 없습니다. 왜 그랬는지를 깨닫고 자신의 기분을 긍정적으로 생각하는 태도가 필요합니다.

저는 사람과의 거리 감각이 이상한 것 같아요. 남자를 만나도 연애 기간이 그리 길지 않고 친구와도 항상 오래 가지 못합니다. 마음 맞는 친구나 자주 연락을 주고받은 친구도 있었지만 한꺼번에 정리해버리는 버릇이 있어요. SNS에서 알게 된 사람을 갑자기 차단하거나 내 계정을 지우는 경우도 있습니다. 그러고 나면 매몰차고 미안한 짓을 했다는 생각에 죄책감도 들어요. 하지만 어떻게 할 수가 없어요.

인간관계를 끊을 이유가 상대방에게는 없었습니다. 상대에게 안 좋은 일을 당했기 때문이 아니라 자신의 기분에 따라 갑자기 인간관계를 정리한다고 합니다. K씨는 그렇게 행동하는 자신을 몹시 비난하고 있었습니다.

하지만 기분이 좋을 때와 나쁠 때의 행동이 다른 것은 당연합니다. 기분이 좋을 때는 웃어넘길 수 있는 농담도 기분이 나쁠 때는 화가 나죠. 그래서 기분에 따라 행동하는 자신을 탓할 필요는 없습니다.

그런데도 K씨는 못마땅한 표정을 지으며 '잘못했다', '상처를 줬다'며 자신을 거듭 나무랐습니다. 그래서 "그럼 지금까지 누군가로부터 갑자기 관계를 차단당했다고 느껴본 적은 없나요?"라고 물었습니다.

"물론 저도 있죠! 지금은 이런 식으로 누구와도 오래갈 수 없지만 중학생 때는 친한 친구가 있었어요. 하지만 다른 고

이런 '나'라도 그런 '마음'이라도 괜찮다

등학교로 배정받고 나서는 거의 만나지 못했어요. 그러다 고등학교 1학년 겨울에 학교에서 조금 힘든 일이 있어서 그 친구에게 이메일을 보냈는데, 답장이 오지 않더군요. 그때는 '아, 관계가 끊어졌구나' 하는 생각에 괴로웠죠. 내가 그 정도 존재밖에 안 되었나 하는 생각에 한동안 힘들었습니다."

오히려 정리당할까 봐
두려웠던 걸까요?

K씨도 가장 친한 친구에게 관계를 정리당하고 깊은 상처를 받은 경험이 있었습니다. 갑자기 관계가 끊어졌을 때의 괴로움을 잘 알기에 상대와 관계를 갑자기 정리하는 자신을 비난했던 것입니다. 게다가 그 경험으로 '또 상대방으로부터 관계를 차단당할지 모른다'는 강한 불안감이 머릿속에 새겨져 있었습니다. 누군가로부터 관계를 차단당했을 때의 상처가 얼마나 깊은지를 알기에 '상대로부터 관계를 차단당하고 상처받을 바에야 스스로 정리하자'라는 심리 상태에 빠지는 것이죠.

K씨는 스스로 생각한 끝에 적극적으로 인간관계를 정리

한 것이 아닙니다. 과거에 경험한 불안이나 공포가 트리거(trigger, 방아쇠)로 작용해 상대방에게 관계를 차단당하기 전에 먼저 자신이 관계를 정리했던 것입니다.

이런 경우에는 우선 '인간관계를 정리해버린다'라는 자기부정적인 생각을 멈춰야 합니다. 단순히 '정리해버린다'라고 표현하면 스스로 통제할 수 없는 것처럼 느껴지므로 '이런 이유로 인간관계를 정리한다'라는 식으로 다시 규정하는 것부터 시작해보세요.

사람은 스스로 통제할 수 없는 것에 대해서는 불안을 느끼기 쉽습니다. 가령 운전하던 자동차가 갑자기 말을 안 듣고 제멋대로 움직인다면 어떨까요? 상상만 해도 무섭습니다.

그렇기 때문에 우선은 '인간관계를 정리할지 말지 결정할 권리는 나에게 있다'는 사실을 강하게 믿어야 합니다.

'왜 그런지 모르겠지만 인간관계를 정리해버린다'가 아니라 '내 마음을 지키기 위해 인간관계를 정리하기로 했다'는 사실을 받아들여 보세요.

하지만 이렇게 믿고 받아들이겠다고 생각해도 불안이나 공포의 영향은 꽤 뿌리 깊기 때문에 언제 다시 불안한 기분에 휩싸여 인간관계를 정리하고 싶어질지 모릅니다.

실제로 정리하기 전이라면 '지금 느끼고 있는 불안은 과거

이런 '나'라도 그런 '마음'이라도 괜찮다

의 것이야', '지금 눈앞에 있는 사람은 과거의 그 사람과 다를지 몰라' 하고 자신을 다독여주세요.

실제로 정리하고 나서 후회된다면 '그만큼 불안했구나', '후회할 정도로 과거의 상처가 깊었구나' 하고 자신을 위로해주세요.

인간관계를 정리하는 버릇을 없애고 싶다면 어떤 선택을 해도 자신을 부정하지 않는 것이 중요합니다. 그렇게 함으로써 '저 사람은 어떻게 생각할까?'라며 타인을 축으로 움직이는 문제점을 극복할 수 있고, 나아가 '나 자신은 어떻게 하고 싶은가?'라는 관점에서 자신을 축으로 행동할 수 있습니다.

직접 들은 것도 아닌데 '어차피 이렇게 생각할 거야'라고 부정적으로 생각해요

'어차피 이렇게
생각할 거야.'

직접 들은 것도 아닌데
자꾸만 그런 생각이 든다.

나는 '어차피 안 된다'는
꼬리표가 붙은 것 같아
괴로워요

상대방에게 직접 듣지 않았는데도 '저 사람은 이렇게 생각할 거야'라고 미리 짐작해본 적이 있나요?

좋은 상상이라면 전혀 문제없지만 나쁜 상상은 자신도 모르게 문제를 눈덩이처럼 부풀릴 수 있으니 주의해야 합니다.

'이렇게 생각할 거야'라는 부정적인 상상은 상대방의 일거수일투족을 그에 맞춰서 생각하기 때문에 여간 번거롭고 귀찮은 일이 아닙니다. 그러는 사이에 부정적인 상상은 점점 더 견고해지죠. 처음에는 단순한 상상으로 그치지만 시간이 지날수록 마치 사실인 것처럼 인식되어 '저 사람은 이렇게 생각하고 있다'라고 강하게 확신하고 맙니다.

그 결과 사실이 아닌 일도 자신에게는 사실인 것처럼 느껴집니다. 이는 뇌의 확증 편향에 따른 것으로 한번 선입견이 생기면 그 선입견을 뒷받침하는 정보에만 눈이 가기 때문이죠.

누군가에게 '나를 한심한 사람으로 생각하는구나'라는 부정적인 선입견을 가졌다고 합시다. 그러면 그 사람이 누군가와 소곤소곤 이야기만 해도 '내 욕을 하고 있는 것은 아닐까?'라고 상상하게 됩니다. 또 지나가다가 당신 옆에서 한숨을 쉬면 '아, 역시 나를 한심한 사람이라고 생각하는군' 하고 느낄지도 모릅니다. 실제로는 당신을 욕하지도 않았고 한숨은 어쩌다 나온 것일 뿐인데도 말입니다.

회사 생활이 힘들어요. 일이 싫은 건 아니고요. 설명하기 어렵지만 회사 사람들이 저를 '입에 발린 소리만 한다'는 둥 '일이 느리다'는 둥 나쁘게 보는 것 같아서 괴로워요.

제 나름대로 열심히 하고 있어요. 일이 느린 건 실수하지 않으려고 꼼꼼히 처리하기 때문이에요. 숫자를 다루는 일이라서 빨리하려다가 실수하는 것보다는 낫다고 생각해요. '입에 발린 소리만 한다'는 것도, 그런 경향이 없다고는 할 수 없지만 어느 정도 원만한 커뮤니케이션은 필요한 거잖아요?

어쨌든 전처럼 즐겁게 일에 집중할 수 없어서 고민이에요. 지금은 어차피 이렇게 생각하겠지, 하는 생각이 앞서서 의욕이 많이 꺾인 상태입니다.

회사 사람들이 '입에 발린 소리만 한다', '일이 느리다'라며 자신을 흉보는 것 같아서 힘들다는 고민입니다. 하지만 이야기를 잘 들어보면 직접 그런 말을 들은 적도 없고 누군가 그런 말을 했다는 소문을 들은 적도 한 번도 없습니다.

그런데도 S씨는 스스로에게 '입에 발린 소리만 한다', '일이 느리다'라는 꼬리표를 붙였습니다. 이런 경우는 과거에 누군가에게 들었던 말이 원인일 가능성이 큽니다.

예를 들어 어릴 때 '뚱보', '말라깽이' 등 외모로 놀림을 받은 사람은 어른이 되어 표준적인 체형인데도 '뚱보'나 '말라깽이'라는 꼬리표에 괴로워하는 경향이 있습니다. 조금만 살쪄도 '뚱보'라는 말이 되살아나서 두렵고, 적당한 체형인데도 '나는 왜 날씬하지 않지?'라며 자신감을 갖지 못합니다.

하지만 S씨는 스스로에게 부정적인 꼬리표를 달지는 않았습니다. 왜냐하면 '입에 발린 소리'도 어느 정도 필요하다고 인식했고, 숫자를 다루는 업무는 속도보다 정확성이 중요하다고 스스로 납득하고 있기 때문입니다.

사실은 제대로
인정받고 싶었던 거예요

S씨는 꼬리표 때문에 괴롭다기보다는 '아무도 나를 몰라준다'는 것에 괴로워하는 듯했습니다. 이런 사실을 말해주자 S씨는 뭔가 떠올랐는지 다음과 같은 이야기를 들려주었습니다.

"잠깐요. 생각나는 일이 하나 있어요. 중학교 때 아버지가 불륜을 저질렀어요. 집안이 엉망진창이 되었죠. 저도 부모님이 이혼할까 봐 매일 무서웠어요. 결국 이혼은 안 하셨는데, 제가 그런 끔찍한 상황을 겪고 있을 때 동아리 선배가 'S는 고민이 없어 보여'라는 말을 했고 주변에 있던 친구들이나 선생님도 동조했어요. '나는 이렇게 심각한 고민을 하고 있는데 아무도 몰라주는구나. 고민이 없어 보인다니!' 그 자리에서는 생긋거리며 넘어갔지만 사실 충격이었어요. 그리고 보니 그

이런 '나'라도 그런 '마음'이라도 괜찮다

무렵부터인가 보네요. 사람들이 어차피 이렇게 생각하고 있겠지, 하는 생각을 하게 된 게 말이에요."

S씨가 부정적인 선입견을 갖게 된 계기는 아버지의 사건에서 비롯된 듯합니다. 자신은 힘들게 고민하고 있는데 주위 사람들 눈에는 고민이라고는 없는 것처럼 비쳐졌다는 것을 알고 현실과의 차이에 큰 충격을 받았습니다.

게다가 '고민이 없어 보인다', '생긋거린다'라는 이미지가 자기 안에 강하게 자리 잡아 다른 사람과 속마음을 터놓고 이야기하는 데도 서툰 것입니다. 그러다 '어차피 이렇게 생각할 거야'라는 부정적인 생각이 점점 강해지고 말았습니다.

'어차피 이렇게 생각할 거야'라는 생각이 들더라도 무리하게 부정하거나 긍정하지 말아야 합니다. '어차피 이렇게 생각할 거야'는 어디까지나 상상에 불과하지만 본인 입장에서는 한없이 사실에 가깝기 때문입니다.

이럴 때 '그렇게 생각하면 안 된다'고 자신을 몰아붙이면 자기의 생각 자체를 부정하는 것으로 이어질 수 있으니, 'ㅇㅇ라고 나는 생각했다'라고 덧붙여보세요. S씨의 경우라면 '어차피 입에 발린 소리만 한다고 생각하겠지, 하고 나는 생각했다'라는 식입니다.

마지막에 그 말을 덧붙이는 것만으로 부정적인 생각이 사실이 아니라 자신의 상상에 지나지 않는다는 것을 스스로 인식할 수 있습니다.

이 방법을 반복하다 보면 점차 부정적인 상상은 줄어들고 'ㅇㅇ라고 생각할지도 모르지만, 나는 이렇게 하고 싶다'는 식으로 어떤 상황이든 자신을 축으로 생각하고 행동할 수 있게 됩니다.

이런 '나'라도 그런 '마음'이라도 괜찮다

다른 사람에게
고민 상담하는 것이 어색해요

고민을 털어놓기
힘들어서
가슴이 답답해요

'다른 사람에게 내 이야기를 하는 것이 어색하다', '고민 상담을 잘 못 한다'고 걱정하는 사람들이 많습니다.

사실 고민 상담을 잘하든 못 하든 아무 문제가 없습니다. 누군가에게 자기 이야기를 잘한다는 것은 장점도 있고 단점도 있으니까요. 이야기하고 싶지 않다면 굳이 하지 않아도 됩니다. 전혀 이상하게 생각할 문제가 아닙니다.

하지만 누군가와 상담하고 싶은데 망설여진다면, '왜 어색한지' 알아야 해결의 실마리를 찾을 수 있습니다.

다음과 같이 2가지 질문을 해보겠습니다. 각각 나름대로

이런 '나'라도 그런 '마음'이라도 괜찮다

답변해보세요.

첫 번째, 누군가와 상담해도 된다고 생각하나요?

두 번째, 왜 상담이 어색하다고 생각하나요? 상담의 장단점을 말해보세요.

첫 번째 질문의 대답이 '아니요'라면 우선 자신이 누군가와 상담해도 된다는 사실을 인지하는 것부터 시작하세요. 당신이 그동안 누군가의 상담을 들어주었듯이, 다른 누군가가 또 다른 누군가에게 상담하듯이, 당신도 누군가와 상담할 권리가 분명 있습니다.

두 번째 질문에서는 장점과 단점 중 어느 쪽을 더 많이 떠올렸는지가 중요합니다.

장점이 더 많이 떠오른 사람은 장점의 이미지를 좀 더 구체적으로 생각해보세요. 장점이 구체적이고 매력적일수록 문제 해결을 위한 실마리를 찾을 확률이 높아집니다.

단점이 더 많이 떠오른 사람은 '상담하고 싶지만 별로 좋을 것이 없어 보이니 상담하지 않는 편이 좋다'라고 스스로에게 제동을 건 상태입니다. 이 경우는 무엇이 제동을 걸었는지 알아야 문제 해결을 할 수 있습니다.

저는 옛날부터 사람들에게 자주 상담을 해주는 편이었어요. 어릴 때부터 어머니나 할머니의 푸념을 들어주는 역할을 도맡았기 때문에, 제 입으로 말하기는 좀 그렇지만 남들의 이야기를 잘 들어주는 편입니다. 그런데 희한하게도 정작 저는 고민 상담을 잘 못 해요.

얼마 전에도 지인에게 상담하고 싶은 일이 있었는데 결국 이야기를 꺼내지 못했습니다. 어떻게 말해야 할까 고민하는 사이에 시간이 흘러버려서 '오늘은 됐어' 하다가 결국 포기해버렸죠. 그래서 깨달았어요.

나는 항상 이런 식으로 남에게 상담하지 못하고 결국 혼자 떠안고 있구나, 하고 말이죠. 남들에게도 좀 의지하며 살고 싶은데 그게 잘 안 되네요.

이야기를 듣고 나서 N씨에게 앞서 소개한 2가지 질문을 해봤습니다.

첫 번째 '누군가와 상담해도 된다고 생각하나요?'라는 질문에는 "그렇다"고 답했습니다. 두 번째 '왜 상담이 어색하다고 생각하나요? 상담의 장단점을 말해보세요'라는 질문에는 "장점은 생각나지 않는다. 단점은 제대로 이야기를 들어주지 않을 것 같다. 그래서 상담할 수 없다"라고 대답했습니다.

이런 '나'라도 그런 '마음'이라도 괜찮다

믿고 털어놓을 사람이
없었던 거예요

사실 N씨는 상담이 전혀 불가능한 상태가 아니었습니다. 다만 몇 번 지인에게 고민 상담을 한 적이 있는데, '이야기를 잘 들어주고 이해해줘서 말하길 잘했다'라는 만족감을 얻은 적이 없었습니다. 지인들은 처음에는 N씨의 이야기를 잘 들어주다가도 '무슨 말인지 알아. 나도……'라는 식으로 어느새 자기 이야기를 더 많이 했고, 결국은 N씨가 지인의 고민 상담을 해주는 꼴이 되고 말았습니다.

이런 경험이 쌓이면서 '상담해도 제대로 들어주지 않는다 → 상담해도 의미가 없다 → 상담할 만한 사람이 없다 → 상담이 어색하다'라는 생각이 굳어진 것이죠.

N씨에게는 '이야기를 잘 들어주고 이해해줘서 말하기를 잘했다'라는 경험을 줄 수 있는 상대가 필요합니다. 그래서 N씨의 마음을 이해해주는 방식의 상담을 실시하여 '나도 누군가에게 상담할 수 있는 사람이다'라는 자신감을 심어주었어요. 이를 통해 '이야기를 제대로 잘 들어주는 사람도 있다'는 사실을 깨닫게 해주었습니다.

자신이 뭔가 문제가 있어서 고민 상담을 못 하는 것이 아니라 그동안 '신뢰할 수 있는 사람이 없어서 상담을 하지 않았을 뿐'이라는 사실을 깨달은 N씨는 더 이상 상담이 어색하다는 고민을 하지 않게 되었습니다.

어쩌면 당신도 N씨처럼 사실은 상담이 어색한 것이 아닐지 모릅니다.

상담이 어색하다고 믿고 있지만 실은 상담을 하지 않기로 선택한 것에 지나지 않는 경우가 의외로 많습니다.

'원래는 상담이 어색하지 않은데 왜 그렇게 되었는지'를 자문해보면 문제 해결을 위해 필요한 것이 무엇인지 알 수 있습니다. 이런 깨달음이 자신을 축으로 삼는 삶을 살아가기 위한 큰 걸음이 될 것입니다.

이런 '나'라도 그런 '마음'이라도 괜찮다

자기 비하 발언으로
주위 사람들을 당황하게 만들어요

늘 그랬다.
자기 비하 발언을 멈출 수가 없다.

자기 비하 발언이
습관이
되어버렸어요

자신의 외모나 실패한 경험 등 부정적으로 느끼는 부분에 대해 자기 비하를 하는 사람이 있습니다. 그것을 소재로 웃음을 주려고 하는 사람도 있죠.

자기 비하 발언은 절대 해서는 안 된다는 말이 아닙니다. 연예인이 텔레비전 방송에서 과거 자신의 실패를 소재로 이른바 자학 개그를 해서 웃음을 주는 경우가 많습니다. 이처럼 자신의 장점을 보여주고자 의도적으로 자학적인 소재를 활용한다면 특별히 문제없습니다.

하지만 무의식적으로 자기 비하를 반복하거나 습관이 되었

이런 '나'라도 그런 '마음'이라도 괜찮다

다면 주의가 필요합니다.

예를 들어 자기 비하 발언을 너무 많이 하면 좋은 인간관계를 구축하기 어렵습니다.

심리상담사 입장에서 여러 가지 이야기를 듣다 보면 '상대방이 자기 비하 발언을 하면 어떻게 반응해야 할지 모르겠다'고 호소하는 사람들이 매우 많습니다. 그러므로 자기 비하 발언을 반복하면 '대화를 나누기 어려운 사람', '소통하기 어려운 사람'이라는 꼬리표를 스스로 붙이는 것과 같습니다.

게다가 주위에 '막말해도 되는 사람', '놀려도 괜찮은 사람'이라는 인상을 줘서 다른 사람들도 나를 함부로 대할 가능성이 큽니다.

가령 '나는 뚱뚱하니까'라고 스스로 말하는 것과 상대방이 '당신은 뚱뚱하니까'라고 말하는 것은 느낌이 완전히 다릅니다. 자기 비하를 통해 상대에게 웃음을 줄 수 있을지는 몰라도 다른 사람에게 그 말을 듣는다면 깊은 상처를 받을지도 모릅니다.

실제로 주위 사람들은 '본인이 개그 소재로 삼고 있으니 상관없잖아?' 하고 가볍게 생각하지만, 그런 말을 직접 들은 본인은 깊은 상처를 받습니다. '역시, 주위 사람들도 나를 그런 식으로 생각하는구나……' 하고 큰 상심에 빠지는 것이죠.

혹시 제가 달라질 수 있을까요? 이런, 죄송해요. 에휴,
또 무슨 소리를 하려는 거야…….

그게 아니라……, 실은 지난달부터 사귀기 시작한 여자친
구에게 '왜 그런 자기 비하를 하는 거야?', '그냥 평범하
게 얘기하면 안 돼?', '자책 좀 그만해'라는 말을 들었거
든요. 그런데 저는 그런 식으로 계속 살아왔기 때문에
'그냥 평범하게 얘기하면 안 돼?'라고 지적받아도 잘 모
르겠어요. 아, 죄송해요. 자기 일인데 잘 모르겠다고 말
하다니, 한심하죠?

그런데 선천적으로 잘 안 돼요. 한심하죠. 뭘 해도 안
돼요.

이야기하는 도중에 반복해서 자기 자신에 대해 '한심하다'
라는 말을 사용했습니다. "어떤 부분이 한심하다는 거죠?"라
고 물었더니 '잘 모르겠지만 전부 다 한심하다'라는 대답이 돌
아왔습니다.

그래서 "그럼 지금까지 누군가에게 한심하다는 식의 말을
들은 적이 있나요?" 하고 추가 질문을 했습니다. 특별한 이유
없이 왠지 그렇게 생각한다면 과거의 사건과 관련이 있을 가
능성이 높기 때문입니다.

이런 '나'라도 그런 '마음'이라도 괜찮다

그러자 N씨는 다음과 같이 대답했습니다.

"부모님이 매일같이 말씀하셨어요. 어릴 때부터 끊임없이 들었어요. 넌 형과 달라서 안 돼, 넌 약해서 안 돼, 한심하게 맨날 게임만 해……, 이런 말을 자주 들었죠. 하지만 부모님이 저를 소중히 여기지 않는다거나 하는 느낌은 전혀 없었어요. 심한 말을 듣기는 했지만 나름 아껴주셨다고 생각해요. 밥도 잘 차려주시고요. 제가 정말 한심하니까 안 된다는 말을 듣는 거예요."

자신에게 너무
엄격하지 않아도 됩니다

N씨가 자신이 한심하다고 생각하게 된 원인은 부모님에게 반복해서 '한심하다'라는 말을 들어왔기 때문입니다. 이처럼 어릴 때 부모에게 '넌 ○○'라는 말을 자주 들으면 어른이 된 이후에도 '난 ○○'라는 믿음이 강해집니다.

긍정적인 말을 들었다면 문제없습니다. '너라면 괜찮아', '넌 있는 그대로 멋져'라는 말을 반복해서 듣고 자랐다면 실패해도 다시 일어설 수 있습니다. 상심이 커도 '이번에만 실패했을 뿐이야'라며 기분 전환을 할 수 있습니다. '괜찮아'라는 말에 용기를 얻고 다시 도전할 수 있습니다.

하지만 어릴 때 자주 들었던 부정적인 말이 마음속에 박히면 어른이 되어서까지 영향을 미치죠.

'넌 한심해'라는 말을 반복해서 듣고 자랐다면 실패했을 때 '역시 난 한심해'라며 우울감에 빠지기 쉽습니다. '뭘 해도 안 돼. 나는 한심한 인간이니까'라는 생각이 머릿속에 가득 차서 뭘 하려고 하든 두려움이 앞서거나, '결국 뭘 해도 마찬가지'라며 도전 자체를 하지 않을 수도 있습니다.

'그런 말을 하는 부모는 나쁘다'는 이야기를 하려는 것이 아닙니다. 자신이 정말로 한심한 사람이라서 자기 비하를 하는 것이 아니라 부모님에게 반복해서 그런 말을 듣고 자랐기 때문에 '한심하다'고 믿고 있을 뿐이라는 사실을 알아야 합니다.

부모님이 나름대로 사랑해줬어도, 부모님이 나름대로 아껴줬어도, 부모님에게 그럴 의도가 없었어도 부모님의 한마디는 자식의 인생에 큰 영향을 미칠 수 있습니다.

당신의 인생에 영향을 주는 것은 부모님만이 아닙니다. 어릴 때는 부모님의 영향이 강하지만 자라면서 사회 전체의 영향도 크게 받습니다.

예를 들어 N씨의 경우는 부모님에게서 비롯된 '한심하다'

이런 '나'라도 그런 '마음'이라도 괜찮다

라는 자기상을 자학 개그의 소재로 사용했습니다. 초등학생 때는 주위에 웃음을 주어서 사람들과 친해지는 계기로 활용했습니다. N씨의 자기 비하 발언 경력은 20년 이상인 셈입니다. 연예인으로 치면 상당한 커리어죠. 자기 비하가 몸에 배어 있어서 '자신을 비하하는 말투는 이제 그만두자'라고 결심하는 것만으로는 좀처럼 해결할 수 없습니다. 자기 비하를 그만두지 못하는 자신이 싫어서 깊은 상심에 빠져 더욱더 자기 비하에 몰입하는 악순환을 겪기도 하니까요.

자기 비하를 습관적으로 오래 했다면 '자기 비하를 인지하고 멈추는' 것부터 차근차근 시작해보세요.

자기 비하 발언이 나올 것 같을 때 한 번이라도 참으면 그것으로 좋은 첫걸음입니다. 자기 비하 발언을 했다고 해도 '했음'을 인지할 수 있으면 그것 또한 좋은 출발입니다. 첫 번째 단계인 '자기 비하 발언을 줄이자'고 스스로 인지하는 것이 목표이니까요.

그다음에 실제로 자기 비하 발언을 줄여나가는 것입니다.

'절대 보지 마시오', '절대 누르지 마시오'라고 하면 오히려 더 신경 쓰이듯이 사람은 금지하거나 명령받은 일은 잘 수행하지 못하는 경향이 있습니다. 그래서 자기 비하 발언을 금지하지 말고 '줄이자'고 생각하는 것입니다. 의외라고 생각할지 모르겠지만 나름 효과적이어서 횟수를 줄여나갈 수 있습니다.

무엇보다 자기 비하 발언을 좀처럼 그만두지 못해도 자신을 엄격하게 비난하지 않는 것이 중요합니다. 좀처럼 그만두지 못한다는 것은 과거의 영향이 그만큼 강하다는 증거입니다. 당신의 잘못이 아닌 일로 스스로를 괴롭히지 마세요.

자기 비하 발언을 하는 사람 중에는 자신에게 엄격한 사람이 많습니다. 가끔은 '자신에게 너무 엄격한 건 아닐까?' 하고 되돌아보는 시간을 가져보세요.

이런 '나'라도 그런 '마음'이라도 괜찮다

체면 때문에
남의 눈을 지나치게 신경 써요

'○○이니까'라는
선입견 때문에
사람들을 만나기 싫어요

남자니까, 여자니까, 부모니까, 아이가 있으니까, 아이가 없으니까, 미혼이니까, 회사에 안 다니니까, 직장인이니까 등의 이유를 들먹이며 '하고 싶은 일을 할 수 없어요', '하고 싶지 않은 일을 해야 해요', '생각을 마음대로 말할 수 없어요' 하고 말합니다. 이렇듯 '○○이니까'라는 세상이 만들어낸 꼬리표 때문에 힘들어하는 사람들이 적지 않습니다.

유럽이나 미국에서는 개성이나 개인의 독특한 세계관을 존중하는 분위기가 잘 조성되어 있지만 동양 문화권에서는 개인주의가 발달한 지금도 여전히 단합이나 협동심과 같이 '모

　　　　　　　　　　　이런 '나'라도 그런 '마음'이라도 괜찮다

두 함께'를 중요한 덕목으로 여깁니다. '나'보다 '우리'를 중시하는 사회에서는 체면을 어느 정도 신경 쓰지 않으면 안 됩니다. 그 때문인지 지나치게 체면을 신경 쓰는 자신을 비난하는 사람도 많습니다. 하지만 그런 사회에서 살고 있는 한 체면 때문에 남의 눈을 신경 쓰는 것은 당연하고 일정 부분 어쩔 수 없는 일이기도 합니다.

물론 어떤 나라의 문화가 무조건 좋다거나 나쁘다고 할 수는 없습니다. 때에 따라서 장단점도 있으니까요. 다만 당신에게 문제가 있어서 체면을 차리는 것이 아니라 사회 전체의 분위기가 체면을 생각하지 않으면 안 된다는 것을 말하고 싶습니다. 그러니 체면을 신경 쓰는 것 자체는 전혀 이상하지 않다는 것이죠.

다음 달에 동창회가 있어요. 옛날에 친했던 친구들을 만날 기대감에 한껏 설렜지만 역시 불참할까, 하고 망설이고 있어요.
왜냐하면 저는 독신인 데다 사귀는 사람도 없거든요. 저는 사람들과 함께 있으면 피곤해서 그냥 지금 이대로가 좋아요. 하지만 세상 사람들은 그렇게 봐주지 않잖아요. 동창회에 가면 아무래도 '왜 결혼하지 않아?', '뭔가 문제가 있는 거 아냐?'라거나 '어차피 독신이니까' 등 이것 저것 캐묻거나 단정 지어 말할 게 뻔하니까 아예 가기가 싫은 거죠.

어쨌든 제가 왜 이렇게까지 체면을 차리는지 궁금해서 찾아보다가 인터넷에서 '한 부모 가정에서 자라면 체면을 중시하는 경향이 강하다'라고 적어놓은 글을 발견했어요. 혹시 그것이 원인일까요?

체면 때문에 지나치게 남의 눈을 신경 쓰는 자신이 고민입니다. 친구에게 놀러 가자고 말하고 싶어도 '미혼이라 한가하군'이라는 생각을 할까 봐 고민이고, 느긋하게 혼자 여행을 떠나고 싶어도 '혼자 온 건가?'라며 이상하게 볼지도 모른다는 생각이 앞섭니다. 커플이 많은 시즌에는 '외로워 보인다'는 눈길을 받기 싫어서 외출도 하지 않게 됩니다. '분명 이렇게 생각할 거야'라는 세상의 평가가 신경 쓰여 옴짝달싹도 할 수 없는 지경이죠.

체면 때문에 남의 눈을 신경 쓰는 것은 매우 당연하고 어떤 의미에서는 어쩔 수 없는 일입니다. 하지만 역시 지나치면 괴롭기 그지없습니다.

그렇다면 남의 눈을 지나치게 신경 쓰는 사람과 그렇지 않

이런 '나'라도 그런 '마음'이라도 괜찮다

은 사람의 차이는 무엇일까요?

사실 '한 부모 가정'도 영향을 미칩니다. 그리고 부모가 체면을 중시하는 사람이면 자식도 체면을 중시해서 남의 눈을 신경 쓰게 됩니다. 아이에게 가정은 처음 접하는 작은 사회입니다. 가정에서 부모가 소중히 여기는 것은 자식에게도 중요한 것으로 인식되기 마련입니다.

예를 들어 '사람의 가치는 학력으로 결정된다'고 부모님이 강조하며 키웠다면 자식도 학력으로 사람을 판단하게 됩니다. 어른이 되어 사람의 가치는 학력만으로 판단할 수 없다는 사실을 깨달아도 마음속에는 어릴 적 부모님의 말씀이 자리 잡고 있어서 '아닌 걸 알면서도 학력으로 판단해버린다'고 하는 사람도 있습니다.

모든 사람들이
나와 같을 수는 없어요

이 경우는 먼저 부모의 어떤 가치관에 영향을 받고 있는지를 깨닫고, 그 후에 '그 가치관이 지금의 자신을 괴롭히고 있는 건 아닐까?' 하고 의심해보는 방법이 효과적입니다.

하지만 S씨는 그다지 부모님의 영향을 느끼지 못했습니다. 그래서 S씨의 이야기 중에 자주 등장하는 '미혼이니까'라는 말과 관련해 최근에 누군가에게 들은 이야기가 없는지 물었더니 다음과 같은 대답이 돌아왔습니다.

"제 부모님이나 친척들은 그런 말을 일절 하지 않고요. 부담을 주는 일도 없어요. 그래서 누군가에게 들었다기보다는 인터넷 기사나 블로그, SNS에서 보는 댓글로 상처받는 경우가 많아요. '그러니까 혼자 살지!'라든가 '아, 싱글이라서 그렇구나!' 등 결혼을 안 했다는 이유로 세상 사람들이 깔본다고 할까, 한심한 사람 취급을 한다는 느낌이 들어서 억울해요."

S씨는 부모의 영향보다 사회의 영향을 더 강하게 받고 있었습니다.

블로그나 SNS라는 익명성이 높은 매체는 마음에 상처를 남기는 공격적인 발언이나 극단적이고 자극적인 의견, 타인이 듣기에 불편하고 신랄한 비난에 많이 노출되어 있습니다. 자신을 드러낼 필요가 없기 때문에 현실에서는 할 수 없는 이야기를 아무렇지 않게 내뱉을 수 있는 장소가 바로 인터넷 세상입니다.

그러므로 그런 의견들을 보고도 '신경 쓰지 말라'고 말하는

이런 '나'라도 그런 '마음'이라도 괜찮다

것은 아무래도 무리한 요구인 셈입니다.

아무리 마음이 강한 사람도, 설령 부모가 내 편이 되어주어도 비판적인 의견들만 보고 있으면 오래 버티지 못하고 마음이 무너집니다.

일단 체면을 지나치게 차리는 원인이 무엇인지부터 찾아야 합니다. 그런 다음에는 그 원인을 조금씩 줄여가는 방법을 강구해야 합니다. 그렇게 해야 지나치게 남들을 의식하는 상태에서 벗어날 수 있습니다. 체면을 전혀 신경 쓰지 말라는 이야기가 아닙니다. 지금보다 줄일 수만 있어도 피곤함은 상당히 개선될 것입니다.

예를 들어 S씨의 경우 인터넷으로 얻는 정보를 줄이는 것이 효과적입니다. 그렇게만 해도 '이런 식으로 생각하면 어떡하지?'라며 남들의 눈을 의식해서 행동을 제약하는 일이 줄어들고, 자신의 기분이나 장점을 우선시하여 자신을 축으로 행동하는 횟수가 늘어납니다.

다만 '인터넷을 전혀 사용하지 않겠다'며 갑자기 선언하고 행동에 옮기기는 쉽지 않습니다. 우선 자기 나름의 규칙으로 인터넷 사용 시간을 정해서 서서히 줄여나가 보세요.

가령 '피곤할 때는 안 본다', '우울할 때는 안 본다'라는 식으로 자신의 컨디션을 우선 생각하거나, '밤에 자기 전에는 안 본다', '아침에 일어나 이불 속에서는 안 본다' 등 장소나 시간을 규칙으로 정하는 것이죠.

한 번에 갑자기 행동을 바꿔버리면 오래 유지하지 못하고 좌절하기 쉽습니다. 천천히 조금씩 바꿔보세요.

이런 '나'라도 그런 '마음'이라도 괜찮다

조금만 더 하면 되는데
끝까지 하지 못하고 포기해버려요

뭐든 끝까지
해내는 게 없는
내가 한심해요

과연 실패를 좋아해서 기꺼이 실패하고 싶은 사람이 있을
까요? 실패보다는 성공하고 싶어 하는 사람들이 압도적으로
많습니다.

그렇지만 '성공하고 싶다'고 해서 '성공할 수 있는 행동을
한다'는 것은 아닙니다. 믿기 어려운 이야기일지 모르겠지만,
성공하고 싶지만 무의식적으로 성공할 수 없는 방향으로 향
하는 경우도 있습니다.

혹시 당신은 지금까지 조금만 더 하면 되는 상황이거나 성
공까지 앞으로 한 걸음 남은 상황에서 무언가를 포기한 경험

이런 '나'라도 그런 '마음'이라도 괜찮다

은 없나요? 또 이대로 계속하기만 하면 되는데 어째서인지 의욕이 꺾어버린 경험은 없나요?

이런 경험이 있는 분들에게 물어볼게요.

'성공한 자신을 상상하면 좋은 이미지가 떠오르나요?'

'아니다'인 경우

질문의 대답이 '아니요'라면 성공을 기뻐하는 것에 강한 제동이 걸려 있을 가능성이 있습니다.

예를 들어 어릴 때 '그깟 일로 기뻐하지 마라', '우쭐해서는 안 된다', '그 정도는 누구라도 할 수 있다'라는 말을 자주 들었다면 성공해도 남들처럼 기쁨을 느끼지 못합니다.

성공해서는 안 된다기보다는 성공을 기뻐해서는 안 된다며 자신을 억누르고 있는 것이죠. 그래서 성공해도 그렇게 기쁘지 않고, 대신 부족한 부분을 찾아내서 '아직 멀었어', '더 할 일이 있어'라며 자신을 더욱 몰아붙입니다.

'그렇다'인 경우

대답이 '그렇다'라면 성취하는 것 자체에 강한 제동이 걸려 있을 가능성이 있습니다.

다만 '성취해서는 안 된다', '끝까지 하지 마라' 등의 직접적인 메시지를 들었다기보다는 부모님이나 선생님 등 가까운 어른들에게 '너는 끝까지 해내지 못해', '바로 꺾일 거야', '오래 가지 못할 거야'와 같은 비판적인 메시지를 받다 보니 '나는 잘할 수 없다', '나는 끝까지 해낼 수 없다'라는 믿음이 싹텄을 가능성이 높습니다.

또 '성공하면 안 좋은 일이 생긴다'고 믿기도 합니다. 예를 들어 성공하면 질투나 미움을 받기도 하고, 자신의 성취나 성공이 누군가에게 상처를 줄 수도 있다며 불안감을 호소합니다.

> 부업으로 창업을 계획 중이고 1년 전부터 조금씩 준비해왔습니다. 함께할 사람들도 모았고 고객 유치도 순조로워서 나름대로 수익을 기대할 수도 있고요. '다 왔어! 이제 시작만 하면 돼!'라는 상황까지 왔는데 갑자기 움직일 수가 없는 거예요. 뭐랄까, 도통 의욕이 생기지 않아요.
>
> 여태까지는 '해보는 거야!'라며 즐겁게 추진했는데 지금은 전혀 모르겠어요. 해야 할 것 같은데 아무리 애써도 힘을 낼 수가 없네요.
>
> 지금은 함께할 사람들에게 사정을 설명하고 개업을 미

룬 상황인데 언제까지 기다리게 할 수는 없겠죠. 이대로 포기해야 하는지, 아니면 달리 의욕을 낼 수 있는 방법이 있을까요?

어린 시절부터 부모님이나 선생님에게 줄곧 '넌 왜 그렇게 포기가 빠르냐? 그렇게 해서는 이 사회에서 살아가기 힘들다' 라는 말을 듣고 자라다 보니 성취에 스스로 제동을 걸게 되었습니다. 실제로는 흥미도 없고 재미도 없어서 계속할 수 없었을 뿐인데도 말입니다.

어차피 안 될 거라는 생각을 바꿀 수 있을까요?

그래도 M씨는 그런 자신을 바꾸려고 지금까지 노력해왔습니다. 그런데도 왠지 거의 다 왔다는 생각이 들면 어린 시절 이야기가 떠올라서 '어차피 끝까지 해낼 수 없을 거야'라는 생각으로 머리가 혼란스러워집니다. 이런 생각이 들기 시작하면 더 이상 노력이 무의미한 것처럼 느껴지고 의욕이 꺾여서 도중에 그만두고 말죠. 이런 일이 반복되다 보니 자신조차 '나는 아무것도 성취할 수 없는 사람'이라는 부정적인 생각이 강해집니다.

'성취하지 못하는 이유를 남의 탓으로 돌리는 거네요?'라고 말하는 사람도 있겠지만 그렇지 않습니다. '나는 성취할 수 없다'라는 믿음은 당신이 생각하는 것보다 훨씬 강력합니다.

그 사실을 입증하는 실험이 있습니다.

독일의 심리학자 리잔 다미슈(Lysann Damisch)는 생각에 따라 인간의 행동이 어떻게 변하는지를 조사했습니다. 피험자를 2개의 그룹으로 나누고 각각의 그룹에 다른 정보를 주면서 골프 퍼팅의 기회를 제공했습니다.

① 이 공은 퍼터 성공률이 좋은 행운의 공입니다.
② 이 공은 일반적으로 쓰는 공입니다.

그 결과 ①의 '행운의 공이다'라는 정보를 제공한 그룹에서 퍼트 성공률이 30% 이상 높았습니다.

이 실험에서 밝혀졌듯이 믿음은 행동에 영향을 미칩니다. 그러므로 과거의 믿음이 현재의 행동에 제동을 걸고 있다면 우선 어떤 믿음인지 찾아내서 그 믿음을 없애는 것이 중요합니다.

이런 '나'라도 그런 '마음'이라도 괜찮다

M씨의 경우, '나는 성취할 수 없다'라는 믿음이 과거에 타인에 의해 만들어진 것에 불과하다는 사실을 깨달아야 합니다. 나아가 성취할 수 없다는 믿음 때문에 끝까지 해내지 못했을 뿐이라는 사실도 이해해야 합니다. 그리고 '지금의 나라면 성취할 수 있을지도 모른다'는 새로운 가능성에 대한 믿음을 갖는 것이 중요합니다.

성공이나 성취에 제동이 걸려 있다고 느낀다면 어떤 말이 제동장치 역할을 하는지부터 찾아야 합니다. 예전부터 그렇게 믿고 있을 뿐이지 사실은 당신도 '성취할 수 있는 사람'입니다.

당신의 행동을 자꾸 멈추게 하는 부정적인 믿음을 줄이면 좀 더 당신답게 살 수 있을 거예요.

Chapter 3

오래전 기억이
상처로 남아 있지만

스트레스를 받으면
폭식을 하게 돼요

과식하고 나면
꼭 죄책감이 들어서
괴로워요

뭔가 충격적인 일을 겪고 식욕이 떨어지거나, 또는 스트레스로 인해 과식을 하는 경험은 누구나 겪어보았을 것입니다. 그래서 가끔 과식하거나 식욕이 없는 정도는 그리 걱정할 일이 아닙니다.

하지만 장기간에 걸쳐 과식하거나 과식에 대한 죄책감 때문에 구토를 반복한다면 전문가를 찾아서 상담을 해보아야 합니다. 과식이나 거식을 반복하는 것은 심리적인 치료가 필요한 문제이니까요.

사실은 식욕을 조절하지 못해서 한 번에 지나치게 많이 먹을 때가 있습니다. 처음에는 주말에만 그랬어요. 근데 최근 1년 정도는 기분 나쁜 일만 생기면 집에서 엄청나게 먹어대는 거예요. 살찌는 게 두려워서 설사약을 복용하거나 때로는 억지로 토하기도 했어요.

살찌는 게 싫으면 먹지 않으면 될 텐데 참지 못하고 먹고 토하고 먹고 토하기를 반복하는 거예요. 이렇게 의지가 약한 나 자신이 부끄러워서 누구에게도 말을 못했어요.

원래 회사의 인간관계 문제로 고민을 털어놓던 분이었습니다. 여자 상사의 눈 밖에 나서 항상 무시당하고 지적받는 바람에 심신의 균형이 무너진 상태였습니다. 이 문제가 서서히 해결의 실마리를 보일 무렵, '사실은'이라며 털어놓은 것이 식이조절 장애였습니다.

스트레스로 인한 과식이라면 스트레스 요인을 없애서 과식을 진정시킬 수 있습니다. 이번 경우는 여자 상사와 부딪히는 상황을 줄이거나 관계를 차단하면 문제가 개선될 것으로 판단했습니다.

하지만 S씨는 그것만으로는 근본적인 문제를 해소할 수 없

이런 '나'라도 그런 '마음'이라도 괜찮다

었습니다. 왜냐하면 강한 외모 콤플렉스도 가지고 있었기 때문입니다.

S씨는 어릴 때 체형 때문에 괴롭힘을 당했습니다. 그리고 당시의 힘든 경험으로 '살찌면 못생겨진다', '살찐 나는 가치가 없다', '이제는 절대 살찌면 안 된다'라는 강박에 빠진 것입니다.

그 결과 과식 후에는 매번 '먹은 만큼 원래대로 되돌려야 한다'는 초조함과 공포심에 억지로 구토를 했고 '이렇게 해도 살이 찌지 않을 거라고' 안심할 수 없다며 설사약까지 복용했습니다.

하지만 그런 행동들은 '나쁜 짓을 했다', '부끄러운 짓을 했다'는 죄책감을 낳고 말았죠.

과식이나 거식을 반복하고는 '의지가 약하다', '부끄럽다' 등 스스로를 비난하는 사람들이 많은데 절대 그럴 필요 없습니다. 과식이나 거식의 상태가 어느 정도 진행되었다면 자신의 기분을 개선하는 것만으로는 해결하기 어렵습니다.

그런 의미에서 자신을 부끄러워하거나 우울해하지 않아도 된다는 말씀을 드리고 싶습니다.

의지가 약한 것이 아니라
그만큼 참은 거예요

거식 상태가 계속되면 뇌의 기능이 오작동하여 배고픔을 느끼지 않습니다. 본래라면 위험을 느낄 탈수나 저혈당 상태를 쾌감으로 받아들이는 경우도 있습니다.

그뿐만이 아닙니다. 체중에 과민하거나 체형에 강한 콤플렉스를 가지고 있는 경우에는 먹지 않고 살을 계속 빼도 만족하지 못합니다. '살을 더 빼고 싶다'는 생각이 강해지고 '조금이라도 먹으면 체중이 늘고 못생겨진다'는 두려움으로 거식증이 더욱 악화되기 쉽죠.

스트레스로 과식하고 살이 찐다는 공포 때문에 설사약을 복용하거나 억지로 구토하고는 그런 자신에 대한 죄책감으로 다시 새로운 스트레스가 생기는, 출구가 보이지 않는 악순환에 빠지는 것입니다.

S씨는 이 악순환을 끊기 위해서라도 믿을 수 있는 사람에게 털어놓아야 했습니다.

혼자 문제를 껴안고 있으면 무심코 자신을 책망하고 몰아붙이기 십상입니다. 아군이 없는 적진에서 홀로 싸우는 것과 같죠. 상상을 초월할 정도로 외롭고 매우 힘든 상황입니다.

이런 '나'라도 그런 '마음'이라도 괜찮다

하지만 자신을 받아주는 상대에게 모조리 털어놓을 수 있다면 그때부터는 더 이상 혼자만의 싸움이 아닙니다.

식욕이 떨어지는 것은 나약하기 때문이 아닙니다. 식욕이 없어질 정도로 마음이 상했다는 것입니다. 그럴 만한 일을 겪었다는 뜻이죠.

거식의 상태를 나쁜 것으로 받아들여서는 안 됩니다. '먹어야 산다'는 인간의 본능을 거스를 정도로 괴롭고 고통스러운 어떠한 이유가 있다는 의미니까요.

힘든 일을 안고 사는 것만으로도 괴로운데 더 이상 자신을 비난하지 마세요. 이런 증상이 나타난다는 것은 이미 충분히 노력하고 있다는 반증이니까요.

의지가 약해서 과식을 한다고 받아들여서는 안 됩니다. 인내심이 부족해서도 아닙니다. 오히려 그 반대입니다. 인내심이 강하기 때문에 과식할 수밖에 없을 정도로 뭔가를 견뎌온 것입니다.

먹는 것으로 스트레스를 풀 수밖에 없을 정도로 힘든 상황을 견디고 있다는 증거입니다. 약하기는커녕 오히려 강해서 그런 것이죠.

그러므로 어떤 상태에 놓이더라도 절대 지금의 자신을 부정하지 마세요. 아무리 해도 자신을 비난하게 된다면 신뢰할 수 있는 누군가에게 이야기해보세요.

당신을 탓하지 않고 이해하며 귀를 기울여주는 누군가에게 털어놓을 수 있다면 지금의 힘든 상황에서 벗어나기 위한 큰 걸음이 될 것입니다.

이런 '나'라도 그런 '마음'이라도 괜찮다

배신당할지 모른다는
생각에 불안해요

SNS에서
찾아볼 수
있는 부러운
리얼충*

친구랑
근사한
카페에서
점심!

나는
혼자
집에서
컵라면

나는 뭐든
터놓고 말할
수 있는
친구도 없고

얘기에
낄 수가
없구나...

역시~

어제
말이야

학교 때
친구와
지금은 어색.

결혼
했습니다!

근하신년

연락처는
알지만
연락하지는
않는다.

*리얼충: 현실 생활에 충실한 사람을 뜻하는
일본의 인터넷 속어

그렇다면
지금부터
친구를
사귀면
되지 않을까
싶지만…

기본적으로
혼자가
좋다.

허걱!

설마
인간적으로
문제가
있나!?

이제 와서
친구를
사귀는 것도
귀찮아…
무엇보다,

사람과
친해지는 게
서툴러서
그럴지 몰라!?

힘들 때
의지할 수 있는
친구가 없어요

당신에게는 이른바 '절친'이라고 부를 만한 사람이 있나요? 절친한 사이까지는 아니더라도 무슨 일이 있을 때 내 이야기를 들어주거나 곤란할 때 의지할 수 있는 상대가 있나요?

'절친이 없는 것은 이상하다', '기댈 상대가 없으면 안 된다'라는 이야기가 아닙니다. 자신이 그것에 대한 고민이 없다면 절친이라고 부를 수 있는 사람이 없어도, 곤란할 때 의지할 수 있는 사람이 없어도 전혀 문제없습니다.

하지만 당신이 '절친을 원한다', '곤란할 때 의지할 수 있는 사람을 원한다'라고 생각하는데도 왠지 사람과 친해지는 것

이런 '나'라도 그런 '마음'이라도 괜찮다

이 두렵고 서툴다면 과거의 경험이 지금의 행동에 제동을 걸고 있을 가능성이 있습니다.

특히 제동을 거는 원인이 되기 쉬운 것은 누군가에게 배신당한 경험입니다.

배신이라고 하면 뭔가 대단한 사건을 떠올릴지 모르겠지만 반드시 그렇지는 않습니다. 사소한 일이라도 사람은 기대했던 것을 얻지 못했을 때 '배신당했다'고 느낍니다.

가령 '유명 파티시에가 격찬한 케이크'라며 인기몰이 중인 디저트가 생각만큼 맛이 없다거나 '입기만 해도 살이 빠진다'며 화제를 모으고 있는 아이템을 실제 사용해봤는데 효과가 없었을 때도 배신감을 느낍니다.

이와 같은 배신의 경험이 있으면 다음에 같은 행동을 할 때 제동이 걸리기 쉽습니다.

힘들 때나 슬플 때 이야기를 들어줄 막역한 친구가 없어요. 거리낌 없이 함께 있을 사람도 없고요. 지금까지는 상관없다고 생각해왔지만, 실은 누군가와 친해지고 싶다는 마음과 친해지는 것이 두렵다는 2가지 마음이 공존하는 것 같아요.

이런 사실을 부모님께 말씀드리면 '친해지고 싶으면 사

이좋게 지내면 되잖아!' 이렇게 쉽게 말씀하세요. 맞는
말이기는 하지만, 역시 친해지는 것이 두렵다는 마음이
쉽게 가시지 않습니다.

저도 잘 모르겠어요. 제가 좀 이상한가요?

이런 경우는 실제로 누군가에게 상처받은 경험이 심리적으
로 친해지지 못하게 가로막고 있는지도 모릅니다. 예를 들어
사이좋았던 사람에게 상처받은 경험이 있다면 친해지는 것
에 대한 경계심이 생기고, 낯선 사람에게 상처받은 경험이 있
다면 처음 보는 사람에 대한 경계심으로 이어지기 쉽습니다.

하지만 M씨는 어른이 된 이후로 누군가에게 배신당하거나
상처받은 경험이 없습니다.

그래서 과거에 친한 친구에게 상처받은 경험이 있느냐고
물었더니, "사실 초등학교 때 소풍 가서 상처받은 일이 있었
는데 지금도 잊혀지지 않아요. 괴롭힘 같은 건 아니었고 그
냥 대수롭지 않은 일이었어요. 게다가 몇십 년 전의 일이니
까 이제는 상관없지 않을까요?"라고 말을 꺼냈습니다. 그러
고는 쓴웃음을 지으며 당시의 이야기를 들려주었죠.

이런 '나'라도 그런 '마음'이라도 괜찮다

이제 좀 사람들과
친하게 지내고 싶어요

M씨는 소풍날 절친한 친구와 함께 도시락을 먹기로 약속했습니다. 하지만 소풍 당일 그 친구가 다른 그룹의 아이들과 도시락을 먹은 거예요. 그것을 보고 M씨는 어쩔 줄 몰라 혼자 공원 구석에 서 있었죠. 그것을 눈치챈 담임선생님이 "누구 같이 먹을 사람?"이라고 물었지만 아무도 나서는 친구들이 없어서 결국 담임선생님과 둘이서 도시락을 먹었다고 합니다.

절친하다고 생각했던 사람에게 갑자기 배신당한 충격, 담임선생님이 챙겨줬지만 아무도 함께해 주지 않았다는 슬픔과 부끄러움, 담임선생님과 둘이서 도시락을 먹고 있을 때 귓가에 들리던 친구들의 즐거운 웃음소리……. 지금도 문득문득 생각날 정도로 M씨에게 굴욕적인 일이었습니다.

M씨는 초등학생 때 받은 충격으로 '사람을 너무 믿지 않는 편이 좋다', '너무 친해지지 않는 편이 좋다', '사람은 배신한다'는 강한 믿음이 자리 잡게 되었습니다.

어른이 된 지금은 큰일이 아닐지 몰라도 어릴 때는 정말 큰일이었던 것입니다. 절친하다고 생각했던 사람의 갑작스런 배신에 깊은 상처를 받은 이후로, '세상 사람들은 믿을 게 못된다, 너무 친해지지 않는 게 좋다, 언젠가 나를 배신한다'는 믿음이 생기는 경우가 드물지 않습니다.

이처럼 과거의 힘든 경험이 사람에 대한 경계심을 싹틔우는 계기가 되기도 합니다. 하지만 원인을 인지하고 납득할 수 있으면 경계심을 줄여갈 수 있습니다. 두려움을 느끼는 이유가 과거의 경험에서 비롯된 것일 뿐 현재의 사람들이 두려운 것이 아니라는 사실을 깨달을 수 있기 때문입니다.

'사람들을 믿지 못하는 내가 이상한가?'라는 고민을 가진 사람들은 많지만, 원래 타고나기를 다른 사람을 전혀 믿지 못하는 사람은 없습니다.

자신이 이상한 사람이 아니라 과거에 겪은 사건으로 인해 다른 사람을 믿을 수 없게 되었을 뿐입니다.

이유 없이 불안감이나 공포가 느껴진다면 과거에 그런 기분이 든 적이 없는지 곰곰이 생각해보세요.

불안과 공포의 계기를 아는 것만으로도 지금 느끼는 기분이 한결 나아질 것입니다.

이런 '나'라도 그런 '마음'이라도 괜찮다

예전에 들었던 기분 나쁜 말이
머릿속을 계속 맴돌아요

문득문득
예전에 들었던
안 좋은 말들이
머릿속을
맴돈다.

벌써
10여 년도 지난
초등학생 때
들은 말도 있고,

며칠 전에
SNS에서
본 말도 있다.

기분 나쁜 말은
빨리 잊는 게 좋다,
옛날 일은
용서하는 게 좋다,
무시하면 된다고
하지만…

기분 나쁜
말을 들으면
평생 잊혀지지 않아요

과거에 부모님으로부터 반복적으로 들었던 말은 스티커처럼 마음에 찰싹 붙어 당신의 삶에 계속 영향을 미칩니다. 하지만 사실 영향을 주는 것은 부모님의 말뿐만이 아닙니다.

최근 연예인 등 공인으로 활동하는 사람들이 인터넷상의 비방으로 평정심을 잃었다거나 외모나 실력에 자신감을 잃었다는 이야기를 자주 접할 수 있습니다.

과거에 들었던 기분 나쁜 말이 잊혀지지 않고 머릿속을 맴도는 것은 지극히 자연스러운 일이라는 사실을 강조하고 싶습니다.

이런 '나'라도 그런 '마음'이라도 괜찮다

'지금도 여전히 끌려 다니고 있다'며 침울해할 필요 없고, '아직도 잊혀지지 않는다'며 자신을 나무랄 필요도 없습니다.

지금도 잊을 수 없을 정도로 마음이 상했고 여전히 납득할 수 없을 정도로 불합리한 말을 들었기 때문이지, 결코 당신 탓이 아닙니다.

낯선 사람에게 들은 말이라도, 단 한 번 들은 말이라도, 과거에 들은 말은 좋든 나쁘든 이후의 삶에 영향을 줄 수 있습니다.

사람은 귀찮게도 '기분 좋은 말'보다 '기분 나쁜 말'이 기억에 오래 남습니다. 그래서 누군가에게 들은 기분 나쁜 말은 쉽게 잊혀지지 않는 것입니다.

한 가지 실제로 있었던 상담 사례를 소개하겠습니다.

이제 막 사회인이 되었을 무렵에 있었던 일입니다. 길을 걷고 있었는데 앞에서 오던 남학생이 나를 보고 '저 사람 엄청 뚱뚱하다. 양복이 터지겠네!'라고 비웃는 거예요. 당시에는 아이라서 그저 단순한 장난이겠거니 하고 넘겼는데 그 말이 지금까지 잊혀지지 않습니다. 벌써 3년이나 지났는데도 문득문득 생각나서 너무 괴롭습니다.

자주 생각나지는 않지만 한번 떠오르면 머릿속에서 '뚱뚱', '양복이 터지겠네'가 노랫소리처럼 계속 반복되어 심한 경우 패닉에 빠질 때도 있어요.

얼마 전에는 회의 중에 그 말이 떠올라 패닉에 빠지는 바람에 주위 사람들에게까지 걱정을 끼쳤습니다. 과거에 들었던 기분 나쁜 말을 잊는 방법은 없을까요?

'사실을 지적받았기 때문에 상처받은 것이다', '조심스러운 부분을 지적받았기 때문에 충격받은 것이다'라고 생각할 수 있지만 이번 경우는 다릅니다. 누군가가 한 말이 사실이 아니어도, 특별히 조심스러운 부분이 아니어도 충분히 마음 상할 수 있습니다.

사실 상담자 U씨의 체형은 '뚱보'와는 거리가 멀고 지극히 표준입니다. U씨 자신도 그것을 알고 있으며 특별히 체형에 콤플렉스는 없다고 합니다. 지금까지 다른 누군가로부터 체형에 대해 지적당한 적도 없고요.

이런 경우 과거에 들었던 말을 잊는 열쇠는 당시의 상황이 '떠올랐을 때의 감정'에 있습니다. 머릿속을 맴도는 말이 있다는 것은 자신의 진짜 감정을 제대로 드러내지 못했다는 의미일 가능성이 높습니다.

이런 '나'라도 그런 '마음'이라도 괜찮다

같은 상황을 떠올리더라도 느끼는 감정은 사람마다 다릅니다. 화가 나는 사람이 있는가 하면 슬퍼지는 사람, 우울해지는 사람, 혼란스럽고 괴로운 사람, 머릿속이 하얘지는 사람도 있습니다. 어떤 종류의 감정이 좋다거나 나쁘다는 의미가 아닙니다.

감정은 쌓아두지 말고
그때그때 풀어주세요

U씨는 패닉이라고 말했으니 '혼란스럽고 괴롭다'에 해당합니다. 기분 나쁜 말을 듣고 U씨는 '왜 그런 말을 들었을까?', '생면부지의 학생이 왜 그런 심한 말을 했을까?' 하고 반쯤 공황 상태에 빠져 아무 생각도 할 수 없었다고 합니다. 그리고 3년이 지난 지금도 문득문득 떠올라서 '그때와 마찬가지로 혼란스러움'을 느끼고 있는 것입니다.

그런데 U씨가 느꼈던 진짜 감정은 '분노'였습니다. '생면부지의 학생이 왜 그런 심한 말을 했을까?'라는 혼란스러운 감정을 좀 더 자세히 파고들었더니 '화가 났다', '다른 사람에게 해서는 안 될 말이다'라는 분노의 감정이 숨어 있다는 사실을 알게 되었습니다.

U씨는 어릴 때 자주 화를 내는 아버지를 보면서 '나는 저렇게 되지 말아야지', '화를 내는 것은 나쁜 일이다'라는 생각이 강해졌던 것 같습니다. 결과적으로 분노를 느껴야 하는 상황에서도 '분노'를 억누르고 다른 감정을 드러내는 성향이 되어버린 것입니다.

U씨는 '분노'를 느꼈다는 사실을 깨닫고 상당히 후련해했습니다.

그로부터 몇 개월이 지나자 당시의 일이 떠오르는 빈도가 현격히 줄어들었고 생각이 나도 패닉에 빠지는 일은 없었습니다.

이 사례에서 알 수 있듯이 머릿속을 맴도는 기분 나쁜 말을 없애려면 숨겨진 자신의 진짜 감정을 깨달아야 합니다.

당시에는 깨닫지 못했던 감정을 자각하고 나면 생각나는 빈도가 줄어듭니다. 생각나더라도 지금까지처럼 심신에 미치는 영향은 크지 않습니다.

왜 그럴까요? 사람의 뇌는 '잘 모르는 것'을 계속 생각하면서 어떻게든 '알 수 있는 것'으로 만들려는 습성이 있기 때문입니다.

한 조각만 맞추면 되는 퍼즐이 더 신경 쓰이고 '초콜○'과

이런 '나'라도 그런 '마음'이라도 괜찮다

같이 공백이 있으면 채우고 싶어지는 심리죠. 자신의 진짜 감정을 모르는 것은 뇌의 입장에서는 '잘 모르는 것'이 남아 있는 찜찜한 상태입니다. 이런 찜찜한 상태를 어떻게든 해소하려고 기분 나쁜 기억이 자꾸 소환되는 것이죠.

하지만 자신의 진짜 감정을 깨달으면 '잘 모르는 것'이 '알 수 있는 것'으로 바뀝니다. 그러면 그 기억을 떠올리는 빈도 자체가 줄어듭니다.

과거에 다른 사람으로부터 들었던 기분 나쁜 말이 머릿속에서 계속 맴돈다면 어떤 감정이 생기는지 주의 깊게 관찰해 보세요. 어쩌면 '다른 감정'이 숨어 있을지 모릅니다. 그 감정을 확인하는 것만으로도 절반은 해결될 거예요.

이성과의
관계가 서툴러요

나한테는
연애세포가
하나도 없나 봐요

당신은 동성과 이성 중 어느 쪽이 더 편한가요?

어느 쪽과 함께 있을 때 긴장하지 않고 있는 그대로의 자신을 드러낼 수 있나요?

사실 어느 쪽을 선택하더라도 아무 문제 없습니다. 동성이 편하든 이성이 편하든 어느 쪽이든 좋습니다. 성별보다 상대의 성격이나 유형이 더 중요하다고 말하는 사람도 있겠지만 그것은 또 그것대로 좋습니다.

그럼 왜 이런 질문을 할까요? '이성'이라는 말만 들어도 왠지 두려움이나 강한 거부감을 느끼는 사람도 있기 때문입니다.

이성과의 관계가 서툴다고 생각하는 분들을 위한 이야기를 해볼까요?

요즘 이성을 만날 수 있는 이벤트에 자주 참석해요. 그런데 이성과 단둘이 있으면 말을 잘 못 합니다. 정확히 말하면 무서워서 말이 잘 나오지 않아요. 상대방이 말을 걸어도 어색한 미소만 보이거나 맞장구도 간신히 치는 정도예요.

그래서인지 이벤트에 참가해도 교제까지 관계가 발전된 적은 없습니다. 진심으로 제 인연을 찾고 싶은데 이성과 이야기하는 것이 왜 이렇게 무서운지 잘 모르겠어요.

학생 때부터 이성과 대화하고 노는 것이 어려웠다는 이야기입니다. 이성에게 괴롭힘을 당했다거나 이성과 어떤 충격적인 사건이 있었던 것은 아닌 듯합니다. 다만 줄곧 이성이 무섭다는 생각을 계속해온 탓에 가능한 이성과 얽히지 않도록 주의하며 살아왔다고 합니다.

그렇기 때문에 '왜 이렇게까지 이성이 무서운지 모르겠다'며 곤혹스러워하는 상황입니다.

이처럼 '특별한 이유 없이 이성이 무섭다'고 느끼는 사람은

이런 '나'라도 그런 '마음'이라도 괜찮다

그 원인이 부모나 조부모 등 가까운 어른에게서 발견되는 경우가 많습니다.

가령 아버지가 큰 소리로 화를 잘 낸다면 '언성을 높이는 남자가 무섭다', 어머니가 이것저것 참견하는 편이라면 '나이 많은 여자가 싫다'는 식입니다. 어른이 되고 난 후에도 어릴 때 느꼈던 기분에 무의식적으로 지배당하는 경우가 아주 흔합니다.

그런데 M씨는 달랐습니다. 조부모님은 M씨가 태어나기 전에 돌아가셨고, 부모님이 모두 매우 자상하신 분들이라 지금도 일주일에 한 번은 함께 식사한다고 합니다.

그래서 '무서운 이성'이라고 하면 어떤 사람이 떠오르느냐고 물었더니 M씨는 다음과 같이 이야기해주었습니다.

"어떤 사람이요? 조금 다를지 모르지만, 중학교 2학년 때 다니던 학원 강사님이 무서웠습니다. 정말 큰 소리로 화를 내는 분이셨는데, 목소리가 클 뿐만 아니라 말투도 거칠었어요. 과제를 안 해오면 정말이지 끔찍했어요! 일주일에 두 번 다녔는데 학원 갈 시간만 되면 배가 아파오기까지 했어요. 결국 적응하지 못하고 그만뒀죠."

언젠가는 나도
좋은 사람을 만날 수 있겠죠?

M씨는 부모가 아니라 당시 학원 강사가 이성에 대한 두려움의 계기였습니다. 그 강사가 '이성 = 무섭다'라는 이미지를 만들어낸 것입니다.

M씨 자신도 말하면서 그 가능성을 깨달은 듯 "그러고 보니 그 무렵부터 이성이 무섭다고 생각했던 것 같아요! 그전까지는 이성 친구들과 재미있게 놀았는데 그 무렵부터 왠지 꺼려지더라고요. 근데 설마 이런 옛날 일에 영향을 받고 있으리라고는 상상도 못 했어요!"라며 크게 놀랐습니다.

이와 같이 단 한 사람의 존재가 이성 전체를 경계하는 방아쇠 역할을 하는 경우도 드물지 않습니다. 이성에게 직접적으로 무서운 일을 당하지 않더라도 무서운 일을 당하는 장면을 보고 이야기를 듣는 것만으로 이성에 대한 공포심이 싹트기도 합니다.

무서운 일을 당했다고 해서 큰 사건만을 말하는 것이 아닙니다. 남에게 털어놓기 힘든 성적인 피해도 있고 심한 언동, 단순한 놀림에도 공포를 느낄 수 있습니다.

여기서 중요한 것은 객관적인 사태의 크기나 심각성이 아

　　　　　　　이런 '나'라도 그런 '마음'이라도 괜찮다

닙니다. 남이 보기에는 별일 아닐지 모르는 경험도 당신이 지금 '이성이 무섭다', '이성과의 관계가 서툴다'고 느낀다면 당신에게는 그만큼 큰 사건입니다. 그러므로 '그깟 일로'라고 생각할 필요는 전혀 없습니다.

왠지 이성이 껄끄럽다면 어린 시절에 가까운 어른과 관련된 안 좋은 경험은 없었는지 곰곰이 생각해보세요.

뭔가 짚이는 사건이 없다면 M씨처럼 '못마땅한 이성', '무서운 이성'이라는 말을 듣고 떠오르는 인물이 없는지 찾아보세요.

이성에 대한 거부감이나 불안감을 줄이는 가장 빠른 길은 무엇이 계기인지 아는 것입니다. 그것을 찾은 다음에는 어떤 사건이든 스스로 자신을 부정하지 않는 것도 중요합니다.

싫었다, 무서웠다, 꺼림칙했다, 괴로웠다, 그만두기를 바랐다……, 자신이 느낀 기분을 그대로 받아들이고 인정할 수 있으면 당시에는 풀리지 않았던 감정이 서서히 해소되고 지금 느끼고 있는 공포나 불안도 완화되는 효과를 볼 수 있습니다.

분노를 참지 못하고
폭발할 때가 많아요

원래 온화한데
연인한테만
화를 잘 내는 이유가 뭘까요?

누구든 살다 보면 분노의 감정이 폭발할 때가 있습니다. 잘 참아오다가 한계에 도달해 '더 이상 못 참겠다'며 분노를 쏟아 내기도 합니다.

참았던 것이 많을수록, 참았던 기간이 길수록, 억눌린 감정이 강할수록 분노의 감정은 커집니다.

분노가 폭발하는 패턴은 크게 2가지입니다.

첫 번째는 자신보다 약한 사람에게 분노의 감정이 폭발하는 경우입니다.

자신에게 별달리 큰 영향을 미치지 않는 사람에게 강한 분노가 생깁니다. 자신보다 강한 사람에 대한 인내심, 또 가까운 사람에게 말할 수 없는 기분이나 억눌린 감정 등을 자신을 공격하지 못할 만한 사람에게 쏟아내는 형국입니다. 무서운 상사한테는 꾹 참으면서 고분고분한 부하에게는 거칠게 대하는 것이죠.

두 번째는 가족이나 연인, 친구 등 가까운 사람에게 분노를 쏟아내는 경우입니다.

여러 사람에게 신경 쓰고 있거나 남의 시선이 신경 쓰여 자신의 의견을 말하지 못하는 등 오랫동안 스트레스가 쌓여 있다가 가까운 사람에게 분노를 퍼붓는 형국입니다. 자신이 신뢰하는 사람이나 자신에게 상처를 주지 않는 상냥한 사람, 혹은 자신을 받아주기를 바라는 상대에게 분노가 폭발하기 쉬운 특징이 있습니다.

두 번째 패턴에 해당하는 실제 사례를 한번 살펴볼까요?

10년 넘게 사귄 파트너가 있습니다. 사귀기 시작한 초기에는 제가 가끔 심한 말을 해서 관계가 소원해지기도 했는데, 파트너는 상냥한 사람인 데다 오래 사귀다 보니 이런 나에게도 아직은 '함께 있고 싶다'고 말해줍니다. 그런데 최근에 그 빈도가 늘어서 걱정입니다.

내가 계속 이런다면 결국은 상대도 참지 못하고 헤어지고 말 거예요. 이런 나 자신을 꼭 바꾸고 싶어요.

원래 온화한 사람이어서 다른 사람에게는 심한 말을 하거나 갑자기 누군가에게 분노를 폭발하는 일은 지금까지 한 번도 없었다고 합니다. 오히려 자신의 의견을 주장하거나 감정적으로 대립하는 것이 서툴러서 대부분 그 자리에서는 참아내는데, 나중에 혼자서 '이렇게 말할걸', '이렇게 대처할걸' 하고 후회하는 경우가 많다고 합니다. Y씨는 파트너에게만 분노를 폭발하고 있었습니다.

언제부터 감정을 억누르기 시작했는지 묻자, '어릴 때부터 줄곧 그랬다'고 답했습니다. Y씨의 부모는 얼굴만 마주하면 다툴 정도로 사이가 좋지 않았습니다. 큰 소리로 싸우는 일도 많았고 심지어 물건을 집어 던질 정도로 격할 때도 있어서 어릴 때는 정말 무서웠다고 합니다. 아무리 부모님이라도 이런 환경에서는 자신의 기분을 받아주지 못할 거라는 생각에 외로울 때도, 힘들 때도, 슬플 때도 혼자 감내하며 극복해 왔습니다.

어릴 때 억누르고 참았던 감정은 결코 자연히 사라지지 않습니다.

많이 참는 만큼
더 크게 폭발하는 거예요

Y씨는 자신을 받아주는 상대가 나타나면서 어릴 때는 참을 수밖에 없었던 감정이 '분노'라는 형태로 표출된 것입니다.

일반적으로 분노를 조절할 수 없다고 하면 문제가 있다고 생각합니다. 하지만 화를 내지 못하고 살아온 Y씨는 이제 겨우 분노할 수 있게 되었다고 할 수 있습니다. 지금까지는 불가능했던 일을 드디어 할 수 있게 된 것이죠.

Y씨처럼 분노가 폭발하는 자신을 '참을성이 부족하다'고 나무라거나, '감정을 통제하지 못한다'며 우울해하는 사람들이 많은데, 사실은 그 반대입니다. 인내심이 강하고 감정을 통제하는 사람일수록 분노의 감정이 폭발하기 쉽습니다.

화를 참지 못했을 때의 상황을 떠올려보세요. 분노가 폭발하기 전까지 참고 참다가 화를 내지 않았나요? 딱히 아무 일도 없는데 갑자기 화를 냈다기보다는 인내심이 한계에 도달해서 분노가 폭발하지 않았나요? 그렇다면 당신은 충분히 인내심이 강한 사람입니다.

또 어쩌면 분노를 통제하지 못한 것이 아니라 통제할 수 없을 정도의 사건이 있지 않았나요?

이런 '나'라도 그런 '마음'이라도 괜찮다

분노가 폭발하는 이유는 한계에 다다랐기 때문입니다. 당신은 분노가 폭발할 때까지 몇 번이나 조절한 것이므로 '감정을 통제하지 못한다'고 자신을 탓할 필요 없습니다.

뼈가 부러지는 부상을 입은 사람에게 '다음에는 뼈가 부러지지 않도록 주의해라'라고 말하지 않습니다. 우선은 부러진 뼈가 회복될 때까지 푹 쉬어야 합니다.

그와 마찬가지로 분노의 감정이 폭발할 정도로 참고 견뎌온 자신을 '지금까지 애썼다'며 인정한 후에 맛있는 음식을 먹거나 푹 쉬면서 몸과 마음을 회복하는 일이 먼저입니다.

당신은 참을성이 부족해서 화가 폭발한 것도 아닙니다. 그리고 화를 잘 내는 사람도 아닙니다. 격하게 폭발하는 듯한 분노는 오랫동안 축적된 감정의 결과물입니다. 감정의 폭발을 피하려면 애초에 감정을 억제하지 말아야 합니다. 지나치게 참지 않는 것이 중요하다는 뜻입니다.

'소중한 사람 앞에서 분노를 쏟아내고 싶지 않다'면 작은 화를 틈틈이 표현하거나 자신의 기분을 드러내보세요. 인내심이 줄어들면 오히려 분노의 감정이 쌓일 일도 없고 결과적으로 분노가 폭발하는 일도 없을 거예요.

분노를 무리해서 억제해봐야 결국에는 폭발하고 맙니다.

우선 불필요한 인내심을 줄여보세요.

Chapter_4

당신은 지금부터
시작입니다

불은 껐는지 문은 잠갔는지
너무 마음에 걸려요

확인하고
또 확인해도
불안해서 미치겠어요

현관문을 잠갔는지 안 잠갔는지 너무 신경 쓰여요. 지나치다 싶을 정도로 심각합니다.

외출했다가도 걱정된 나머지 도중에 다시 집으로 돌아가서 확인하기 일쑤죠. 그러다 약속시간이나 출근시간에 늦은 적도 많고요.

근데 실제로는 잠그는 걸 잊은 적이 한 번도 없었어요. 혹시 잠그지 않았다면 어떡하지, 하는 불안감에 재차 확인하지 않으면 안심이 되지 않아요.

외출했는데 집 현관문을 잠갔는지 확인하러 다시 돌아가거나 불을 끄지 않았는지 걱정되었던 경험은 누구나 한 번쯤 있을 것입니다. 그래서 어느 정도까지 신경 쓰는 것은 문제될 것이 없습니다. 또한 몇 번까지 확인해야 안심하는지도 명확한 기준은 없습니다.

중요한 것은 지금의 상태가 당신의 생활에 지장을 초래하는지 여부입니다.

대부분 불안한 이미지와 그것을 확인하는 행동이 세트를 이루어 나타나며 자신의 의지만으로는 확인 행동을 멈출 수 없기 때문에 생활에 지장이 생깁니다.

상담자 T씨의 경우 '문을 잠그지 않았다면……'이라는 불안한 이미지와 확인하러 집으로 돌아간다는 행동이 세트가 되어 일상생활에 지장을 주는 수준에 이르렀습니다.

불안감으로 확인 행동을 멈출 수 없는 것은 다음 4가지가 반복되고 있는 상태입니다.

① 불안한 이미지가 떠오른다.
② 불안해서 안절부절못한다.
③ 불안감을 없애기 위해 확인하는 '행동'에 나선다.
④ 확인 행동을 통해 불안감이 해소된다.

이런 '나'라도 그런 '마음'이라도 괜찮다

⑤①~④를 반복한다.

불안한 이미지와 확인 행동이 세트가 되면 생활에 지장을
준다고 했는데, 왜 이 2가지는 세트를 이룰까요? 확인 행동을
통해 불안한 이미지가 사라지기 때문입니다.

그래서 불안한 이미지를 해소하기 위한 행동을 취합니다.
다만 확인 행동은 일시적으로 불안감을 없애주지만 또다시
불안감이 생기면 재차 확인 행동에 나섭니다. 불안감을 없애
기 위한 유일한 수단이 확인 행동이기 때문입니다.

이런 악순환에서 벗어나려면 다음과 같은 상태로 전환해야
합니다.

①불안한 이미지가 떠오른다.

②불안해서 안절부절못한다.

③확인 행동을 하지 않는다.

④②를 훨씬 뛰어넘는 불안과 공포가 느껴지지만 견뎌낸다.

⑤불안한 이미지가 떠오르지 않거나, 떠올랐을 경우 확인 행동
   을 하지 않아도 괜찮다.

④의 상태를 견딜 수 있으면 일상생활에 지장을 주지 않는

수준인 '궁금하다' 정도로 변해갑니다. 지나치게 신경 쓰이는 상태가 줄어들고, 신경 쓰인다고 해도 확인 행동까지 치닫지 않아 괜찮습니다.

말로 설명하니 아주 간단해 보일지 모르지만 꽤 어려운 과정입니다. 불안이나 공황 등의 증상이 매우 강하면 약을 처방받아야 할 수도 있습니다.

불안을 조장하기 위해서가 아니라 그만큼 극복하기 어려운 상태임을 인지하기를 바라는 뜻입니다. 이런 상황을 모르고 필요 이상으로 자책하거나 가까운 사람에게 핀잔을 듣고 괴로워하는 사람들이 많습니다.

확인 행동을 멈출 수 없다면 먼저 불안이나 공포를 느끼는 요인이 무엇인지 스스로 이해해야 합니다.

무엇 때문인지
불안 노트를 적어보세요

T씨가 불안이나 공포를 느끼는 요인은 '집에 도둑이 드는 것', '집 안의 물건을 도둑맞는 것', '집에 돌아왔을 때 모르는 사람이 숨어 있을 위험' 등이었습니다. 어릴 때 우연히 접한

이런 '나'라도 그런 '마음'이라도 괜찮다

뉴스로 인해 문단속에 대한 공포의 이미지가 매우 강렬하게
자리 잡고 있었습니다. 깜빡하고 문을 잠그지 않았는데 도둑
이 들어 귀중품을 도난당하고 집 안이 엉망진창이 되었다거
나, 집으로 들어갔는데 마침 도둑과 마주쳐서 대치하다가 부
상을 입었다는 뉴스를 접한 것이죠.

무엇 때문에 불안이나 공포를 느끼는지 이해했다면 자신이
어떤 확인 행동을 하는지 작성해보세요. 그리고 어떻게 하면
확인 행동을 1~2회로 끝낼 수 있을지도 생각해봅니다.

T씨는 '문을 잠갔는지 몇 번이나 확인'합니다. 문을 잠갔는
지 몰라서 불안이나 공포를 느끼고 확인하러 다시 돌아가는
경우에는 '문을 잠갔다'는 사실을 명확하게 인지할 수 있는 방
법이 있다면 몇 번이나 확인하지 않아도 될 것입니다.

실제로 T씨가 시도한 방법은 다음 3가지입니다.

① 문을 잠글 때 '철컥' 하는 소리를 입 밖으로 내서 잠갔음을 의
    식한다. 또, 잠그고 나서 손가락을 가리켜 확인한다.
② 문을 잠근 후 10초를 세고 다시 한 번 더 확인한다. '좋아, 잠
    갔어!'라고 입 밖으로 말한다.
③ 문을 잠그는 자신의 모습을 동영상으로 촬영한다.

①로는 특별히 효과를 실감하지 못했습니다. ②는 안심했을 때도 있었으나 그렇지 못하기도 해서 확인 행동에 나서기도 했습니다.

가장 효과적이었던 방법은 ③이었습니다. 불안할 때 동영상을 보면 다시 확인하러 돌아가지 않아도 안심할 수 있습니다. 또한 재차 확인하지 않아도 걱정하는 일은 일어나지 않는다는 사실을 점차 이해했습니다. T씨는 ②와 ③의 방법을 병행하여 불과 4개월 만에 확인 행동을 멈출 수 있었습니다.

'그런 일은 일어나지 않는다', '걱정이 지나치다'라며 아무리 말해봤자 정작 본인은 그렇게 생각하지 못합니다. 하지만 본인이 직접 '그런 일은 일어나지 않는다'라는 체험을 쌓으면 스스로 납득하고 받아들일 수 있습니다.

확인 행동을 멈추기는 생각보다 힘듭니다. 한 번 잘된다고 해서 다음에도 잘된다는 보장이 없습니다. 잠시 잘되다가도 다시 불안이나 공포가 엄습하기도 합니다. 최종적으로 확인 행동을 멈출 수 있었던 T씨도 성공과 실패를 반복하는 과정을 거쳤습니다.

노력해도 불안이나 공포를 완전히 떨쳐내지 못해서 우울해지면 자신이 그만큼 어려운 일에 도전하고 있다는 사실을 알고 스스로를 격려해주세요.

이런 '나'라도 그런 '마음'이라도 괜찮다

불안이나 공포로 패닉에 빠질 상황에 놓이면 '이건 예상했던 일이다', '불안이나 공포도 반드시 거쳐야 하는 통과의례다'라며 자신을 타이르는 방법도 효과가 있을 거예요.

혼자 대처하기 어렵다면 T씨처럼 의사나 상담사를 찾아가거나 신뢰할 수 있는 사람에게 도움을 구하면 됩니다.

'잘될 때도 있지만 잘 안 될 때도 있다.'

'잘 안 된다 해도 다시 도전하면 된다.'

이 말을 부디 잊지 마세요.

당신도 도전을 멈추지 않으면 확인 행동에서 벗어날 수 있습니다.

무슨 일이 있어도 자신을 비난하지 말고 자신을 믿는 것부터 시작하세요.

쉬는 게 익숙하지 않아서
뭐라도 해야 마음이 편해요

지쳐서
쉬고 싶은데
쉬면 안 될 것 같아요

지난달에 몸이 너무 안 좋아서 회사 지정 병원을 찾아갔는데, 의사가 힘을 빼고 쉴 때는 제대로 쉬라고 하더군요. 그런데 적당히 해도 된다, 60%로 충분하다, 너무 열심히 하지 마라 등과 같은 조언을 들어도 몸이 뜻대로 움직이지 않아요.

일뿐만 아니라 개인적으로도 그렇습니다. 휴일에도 쉬는 게 익숙하지 않아서 뭔가 하지 않으면 안심할 수 없어요. 어떻게 해야 할까요?

몸이 아파서 휴직을 했는데도 '시간을 낭비하고 싶지 않다. 뭔가 할 수 있는 일은 없을까?'라며 어학 공부를 할 정도입니다. 하고 싶은 일을 즐기면서 한다기보다 '해야 한다'는 불안과 초조함에 사로잡힌 모습이었습니다.

쉬는 데 익숙하지 않으면 안 된다, 쉬어야 할 때는 반드시 쉬어야 한다는 말이 아닙니다. 가만히 있으면 좀이 쑤셔서 쉬는 것보다 움직이는 것이 즐겁다는 사람도 있습니다.

자신이 바라고 원하는 일을 한다면 조금 지친다고 해도 만족감을 얻을 수 있기 때문에 그것은 그것대로 좋습니다.

하지만 쉬고 싶은데 쉴 수 없는 경우는 다릅니다. 쉬고 싶은 자신의 욕구가 충족되지 않은 채 억지로 계속 움직이면 스트레스와 피로가 누적될 수밖에 없습니다.

쉬고 싶은데 제대로 쉴 수 없다면 '쉬면 안 된다'라는 제동이 걸려 있다는 의미입니다. 우선 그런 제동을 거는 것이 무엇인지 찾아보세요.

대개 제동을 거는 계기는 어린 시절에 있습니다.

그 원인을 찾기 위해 다음을 소리 내어 읽어보세요.

나는, 피곤하지 않을 때도 그냥 쉬어도 된다.

나는, 놀아도 된다.

이런 '나'라도 그런 '마음'이라도 괜찮다

나는, 더 이상 노력하지 않아도 된다.

나는, 놀고 나서 할 일을 해도 된다.

어떤가요?

이 말들을 소리 내어 읽어보고 속이 후련하거나 '맞는 말이야' 하고 납득할 수 있나요? 아니면 답답하거나 '그렇지 않아' 하고 반박하고 싶어졌나요?

답답하거나 반박하고 싶은 말이 있다면 제동을 거는 요인에 한 걸음 다가선 것입니다.

M씨는 모든 말에 대해 반박하고 싶어 했습니다. '그러면 안 된다', '그래서는 인정받지 못한다', '우수하지 않으면 가치가 없다'라는 생각들을 쏟아냈습니다.

이야기를 들어보니 M씨는 어릴 때부터 부모님이 '우수한 자신'만을 사랑한다고 생각했던 듯합니다. 그러니까 부모님은 1등을 했을 때만 칭찬해줬고, 아무리 노력해도 결과가 1등이 아니면 거들떠보지도 않았습니다. 제1지망 고등학교에 떨어졌을 때 어머니가 울면서 '너에게 실망했다', '네가 그렇게 한심한지 몰랐다'라고 말했는데, 지금도 가끔 그때가 생각나서 힘들다고 합니다.

'우수한 자신'이 아니면 사랑받지 못한다는 믿음이 강하면 계속해서 완벽을 추구하게 됩니다.

어린 시절에 쉬거나 즐기는 것을 허락받지 못한 경우에는 쉬거나 즐기는 것에 죄책감을 느낍니다. 모처럼 쉬어도 '이러고 있어도 되나?', '이러다가 뒤떨어지면 어떡하지?' 하고 초조해하거나 불안감이 생기기 쉽습니다.

쉬는 것도 할 일 스케줄에
넣어보세요

결과를 내지 못해 큰 상처를 받은 경험이 있다면 무슨 일이든 결과에 매달리게 됩니다. 자신이 얼마나 열심히 했는지가 아니라 얼마나 훌륭한 결과를 냈는지 여부만으로 판단합니다.

결과를 내지 못하면 '열심히 했다'는 과정은 보지 않고 결과를 내지 못한 자신을 탓하기만 합니다. 어릴 때 부모님이 그랬던 것처럼 자기 자신을 엄격하게 대합니다.

이처럼 과거의 일이 계기가 되어 쉬거나 즐기는 것에 어려움을 느끼는 경우가 있습니다.

따라서 우선 쉬는 것에 제동을 거는 것이 무엇인지를 찾는

이런 '나'라도 그런 '마음'이라도 괜찮다

일이 중요합니다.

아무리 사소한 일이라도 상관없습니다. 뭔가 바로 생각나는 일이 있다면 의미 있는 기억일 것입니다. 아무래도 상관없는 일이라면 이미 잊어버렸을 가능성이 크니까요.

어른이 된 당신에게는 별일 아닌 사건도 어린 시절의 당신에게는 매우 큰 사건이었을지 모릅니다.

당신을 쉬지 못하게 막는 것이 무엇인지 찾았다면 그다음은 자신에게 허락해주세요.

어릴 때는 부모님이 안 된다고 하면 어쩔 수 없었습니다. 부모님의 안색이 좋지 않으면 지레 안 된다고 포기한 적도 있을 것입니다.

하지만 어른이 된 당신은 되는지 안 되는지 여부를 스스로 결정할 수 있습니다. 부모님이 안 된다고 생각해도 당신은 이미 '스스로 할 수 있는 능력'을 갖추고 있습니다.

쉴 수 없는 상황에서 벗어나기 위한 가장 효과적인 방법은 '쉬어도 된다'라고 스스로에게 허락하는 것입니다.

쉬어도 된다는 생각을 도저히 할 수 없다면 억지로 쉬는 방법도 있습니다. 휴식을 스케줄에 넣어버리는 것입니다.

스케줄에 넣으면 휴식은 예정된 일로 바뀝니다. '예정된 일을 완수했다'라고 받아들이면 휴식에 대한 죄책감을 줄일 수 있습니다.

지금까지 과거의 어떤 이유로 '쉬면 안 된다', '열심히 하지 않으면 안 된다'며 계속 노력해온 당신에게 '쉬어도 좋다'라고 허락해줄 수 있는 사람은 오직 당신뿐입니다.

괜찮습니다.

지금의 당신은 스스로에게 '쉬어도 돼'라고 허락해도 됩니다.

솔직한
감정 표현이 서툴러요

마음과 달리
비뚤어진 말이
먼저 나와요

솔직하게 마음을 전하지 못해서 주위 사람들이 떠나요.
사귀는 사람이 있는데, 한동안 연락이 없으면 불안해서
'왜 연락하지 않는 거야?' 하고 화를 냅니다. '나를 좋아
하지 않는 거지?' 하고 떠보는 말로 상대를 당황시키기
도 해요. 내가 생각해도 정나미가 뚝 떨어질 것 같아요.
이렇게 삐뚤어진 성격을 고칠 수 있을까요?

외롭다, 즐겁다, 보고 싶다, 곁에 있어주면 좋겠다, 안아주
면 좋겠다, 좋다, 싫다, 갖고 싶다, 하기 싫다…….

이런 '나'라도 그런 '마음'이라도 괜찮다

이와 같이 자신의 기분을 직설적으로 표현할 수 있는 사람이 있는가 하면, 솔직한 감정 표현이 서툰 사람도 있습니다.

요즘에는 '직설적으로 자신의 기분을 표현하는 것이 좋다'라고 말하지만 반드시 그렇다고는 할 수 없습니다. 뭐든 직설적인 표현이 좋다고 할 수 없고, 직설적으로 감정을 표현하는 사람이 껄끄럽다는 의견도 의외로 많습니다.

그러므로 자신의 감정을 직설적으로 표현하는 데 서툴러도 그런 자신을 탓할 필요는 전혀 없습니다. 그런 당신이 '좋다'는 사람도 있고, 같이 있으면 '편하다'고 느끼는 사람도 있을 테니까요.

하지만 감정을 직설적으로 표현하지 못해서 고민이라면 앞으로 소개할 방법이 도움될 것입니다.

감정을 직설적으로 표현하는 데 서툰 사람은 크게 2가지로 나눌 수 있습니다. 우선 자신이 어떤 유형인지 잘 생각해보세요.

1. 자신의 기분을 애초에 알지 못하는 사람

어릴 때부터 참을성이 강하거나 감정 표현을 억제해온 사람에게서 많이 볼 수 있습니다.

어떤 특정한 감정이 무엇인지 알 수 없다면 자신이 어떤 기분인지 아는 것부터 시작해야 합니다. 또한 '다른 사람과 마찬가지로 나도 감정을 직설적으로 표현해도 된다'고 자기 자신을 허락하는 방법도 효과적입니다.

2. 자신의 마음을 돌려서 전하는 사람

어릴 때 스스로 생각하고 행동하기보다 부모님이 시키는 대로 행동하도록 강요받은 사람에게서 많이 볼 수 있습니다. 부모님의 지시나 지적이 지나치게 많았다면 어른이 되어서도 다른 사람의 지시나 지적에 민감하게 반응합니다. 실제로 상대와 직접 다투지는 않지만 머릿속으로는 끊임없이 다투는 경향을 보입니다.

이런 사람은 자신의 마음을 솔직하게 전달하는 데 매우 서툽니다. 서툴다기보다 어릴 때 솔직하게 감정을 표현해봤지만 부모님이 전혀 받아주지 않았기 때문에 감정을 직설적으로 표현하지 않게 되었을 것입니다.

첫 번째 유형과는 달리 자신의 기분을 분명히 인지하고 있기 때문에 직설적인 표현 대신 우회적인 표현으로 상대에게 자신의 의사나 기분을 전하려고 합니다.

예를 들어 상대가 연락이 없어서 섭섭할 때 직설적으로 표현할 수 있는 사람은 '연락하지 않아서 서운했다'라고 마음을

이런 '나'라도 그런 '마음'이라도 괜찮다

전합니다. 뿐만 아니라 '다음부터는 연락해주면 좋겠다' 하고 직설적인 부탁도 서슴지 않습니다.

하지만 돌려서 말하는 사람은 기분을 직설적으로 말하는 대신 '나를 좋아하지 않는군' 하고 우회적인 표현을 합니다. 부탁할 때도 '왜 연락하지 않은 거야?' 하고 화를 내기도 합니다.

이런 사람은 '나'를 주어로 삼아 마음을 전하는 방법이 효과적입니다. 돌려서 말할 때는 주로 '상대방'이 주어입니다.

'왜 연락하지 않은 거야?'는 주어가 상대방입니다. '(당신은) 왜 연락 안 해?'라는 식으로 이야기하는 것입니다. 이때 주어를 상대방에서 '나'로 바꾸면 '나는 당신의 연락을 원한다'라고 표현할 수 있습니다.

상대방에게 마음을 전달할 때 주어를 '나'로 바꾸면 우회적인 표현이 순식간에 직설적인 표현으로 바뀝니다.

'나'를 주어로 바꿔서 표현하기는 매우 어렵습니다. 그래서 '나'를 주어로 말하는 화법에 익숙해져야 합니다. 당장은 불가능하다고 생각할지 모르겠지만 전혀 걱정할 필요 없습니다. 지금까지와 다른 사고 회로로 생각하고 표현하기 위해서는 당연히 연습이 필요합니다.

S씨는 먼저 혼자일 때 주어를 '상대방 → 나'로 변환하는 연

습부터 시작했습니다. S씨는 과거의 일을 떠올리며 누군가와 다투는 상상을 많이 하는 편이었어요. 그래서 머릿속으로 '나'를 주어로 삼아 마음을 직설적으로 전하는 연습을 이미지 트레이닝으로 쌓아갔습니다.

이러한 연습을 2주간 계속하면서 S씨는 '나'를 주어로 자신의 마음을 전하는 것에 익숙해졌습니다. 또 회사 동료나 친구, 부모님에게 '나'를 주어로 해서 자신의 기분을 직설적으로 전달할 수 있게 되었습니다.

S씨는 연습을 시작하고 1개월이 지났을 무렵 '이전에 비해 사람들과 충돌하는 일이 줄었다'며 웃는 얼굴로 경과를 알려왔습니다.

직설적으로 표현하지 못하는 자신이 싫거나 그런 자신의 성격이 싫다고 하는 사람들이 많습니다. 하지만 직설적으로 표현하지 못하는 것은 성격 탓이 아닌 경우가 더 많습니다. 성격을 바꾸기는 어렵지만 말로 표현하는 방법은 얼마든지 바꿀 수 있습니다.

지금의 당신을 무리해서 바꾸기보다는 표현법에 초점을 맞춰보세요.

이런 '나'라도 그런 '마음'이라도 괜찮다

남들한테는 내가
만만해 보이나 봐요

남들이 나를
무시하거나
얕보는 것 같아요

혼자라서 좋겠다든가, 학벌이 어떻다든가……, 왜 그런지 저만 보면 사사건건 비꼬고 얕봅니다. 한 해 동안 열심히 산 자신에게 주는 선물로 명품 백 하나 산 걸 가지고 독신이라서 마음대로 돈을 쓸 수 있어 부럽다는 둥 돌려서 비꼬는 말을 들으면 정말 억울합니다.

상대하지 않으면 된다고 생각하지만 제가 좀 더 강하면 함부로 대하지 않을 거라고 생각해요. 당시에는 웬만해선 참지만 집에 가서 '이렇게 말할걸', '저렇게 말할걸' 하고 계속 생각납니다. 그 자리에서 바로 따질 수 있으

이런 '나'라도 그런 '마음'이라도 괜찮다

면 좋겠는데 말이에요.

직접적으로 상대방을 얕보는 발언을 하거나 자신이 더 낫다는 식으로 돌려서 우월감을 표시하는 사람이 있습니다. 한편으로는 그런 사람들의 먹잇감이 되기 쉽다며 고민을 토로하는 사람도 있습니다.

자신은 물론이고 교제 상대나 결혼 상대의 지위, 연수입, 자녀의 학력 등 우월 의식을 표현하는 데 활용되는 소재는 다양합니다. 우월 의식에 사로잡힌 사람은 주로 상대의 아픈 부분을 노립니다.

주위를 둘러보면 얕보기 쉬운 사람도 있고 쉽게 얕볼 수 없는 사람도 있음을 직감적으로 알 수 있습니다. 자기만 얕본다고 느끼기도 합니다.

우월 의식에 사로잡힌 사람은 먹잇감이 될 만한 상대를 선택합니다.

이렇게 말하면 '내가 못나서 그렇다', '내가 부족해서 그렇다' 하고 원인을 자신에게 찾는 사람이 있습니다. 하지만 반드시 자신에게 원인이 있는 것은 아닙니다.

사실은 자신이 상대보다 열등해서가 아니라 시기나 질투가 원인인 경우가 많습니다.

K씨는 주위 사람들에 비해 일을 잘하는 편이었습니다. 어릴 때부터 부모님에게 인정받으려고 노력해왔기 때문에 무슨 일이든 '성실함'이 기본인 인물입니다.

허투루 일하는 법이 없고 꼼꼼하며 항상 전력을 다하죠. 그런 점은 상사에게도 높은 평가를 받고 있었습니다.

반면 업무 평가가 좋지 않은 사람들이 주로 K씨를 얕보는 말을 했습니다. 혹은 스스로 그렇게 느끼고 있는 것이죠. 업무 능력이 뒤떨어지기 때문에 일 외에 사적인 면에서 K씨보다 우위에 서려고 했던 것입니다.

이와는 반대로 사적인 면에서 동료에 비해 열등하다고 느끼는 사람이 업무나 학벌로 우월감을 표시하는 경우도 있습니다. '내가 너보다는 학벌이 좋다', '나는 ○○대학을 나왔다' 등과 같이 직접적으로 말하기도 하고, '이런 것도 몰라?', '이 정도는 누구나 할 수 있다'라는 비판으로 우월감을 내세우기도 합니다.

우월감에 사로잡혀 상대를 얕보는 사람을 당신이 직접 바꿀 수는 없습니다. 얕보는 말이나 행동이 자신의 자존감을 유지하는 수단이기 때문에 주위에서 아무리 말해도 좀처럼 그만두지 않습니다.

그렇기 때문에 남들이 무시하거나 얕본다고 절대 자신의

탓으로 돌리면 안 됩니다.

당신의 어떤 점이 원인이 아니라 우월 의식에 사로잡힌 사람이 제멋대로 말하는 것일 뿐입니다.

'내가 못나서, 내가 부족해서'라며 자신을 책망한다면 이와 같은 사실을 기억하기 바랍니다.

나 스스로를 무시하거나
얕보지 않으면 괜찮아요

얕보이는 쪽에 문제가 있는 것이 아니라 우월감을 내세우는 쪽에 문제가 있습니다. 그런 말을 듣고 상처받는 것도 억울한데 더 이상 스스로에게 상처 주지 마세요.

일반적으로 우월 의식에 빠진 사람과는 상대하지 않는 것이 좋다고 말합니다. 서툴게 반응하면 상대가 오히려 즐거움이나 만족감을 느끼기 때문입니다. 이른바 '관종' 기질이 있는 사람은 반응할수록 점점 더 심해질 수 있으니 주의가 필요합니다.

이런 사람에게는 흥미 없는 척하며 '아, 그래?' 또는 '그렇군' 정도로 가볍게 넘기거나 아무렇지 않게 화제를 바꾸는 방법도 효과적입니다.

그 밖에 시기나 질투가 원인이라면 가능한 다투지 말아야 합니다. 대립이 커지면 '절대 지고 싶지 않다'는 질투심을 자극하기 때문에 결과적으로 공격이 더 거세지는 형국이 되고 맙니다.

별다른 반응을 보이지 않고 아무렇지 않게 화제를 바꾸는 것과 반대로, '대단하네요'라고 칭찬하는 방법도 있습니다. 당신에 대한 적대감을 희석시키는 효과를 기대할 수 있습니다.

K씨는 가볍게 넘기려고 해도 효과가 없었습니다. 아무리 무반응으로 일관해도 상대가 포기하지 않고 끊임없이 공격했기 때문입니다.

그래서 K씨는 칭찬하는 방법을 시도해보았습니다.

"혼자라서 좋겠군요. 나는 애가 있어서 매일 바빠요"라고 비꼬는 듯이 말하면, "애도 있는데 그렇게 일도 많이 하시다니 대단하네요"라고 칭찬한 것입니다. 그러자 상대는 매우 놀란 표정으로 허둥지둥 그 자리를 떠나버렸습니다. 이날 이후로 그 사람은 더 이상 K씨를 얕보거나 비아냥거리지 않았다고 합니다.

우월주의에 사로잡힌 사람을 대할 때는 적당히 흘려듣는 방법이 가장 좋지만, K씨처럼 반응을 보이지 않아도 끈질기

이런 '나'라도 그런 '마음'이라도 괜찮다

게 공격하는 사람이 있습니다.

그런 상대에게는 '일부러 더 강하게 반응하는 방법'이 효과를 발휘하기도 합니다. 우월감을 표현하는 상대에게 지지 않으려고 맞서서 대응하면 상황이 더 악화되지만 칭찬으로 대응하면 어떠한 문제도 생기지 않습니다.

누군가가 무시하거나 얕보는 원인을 자신에게 찾을 필요는 없습니다. 우월 의식에 사로잡혀 비아냥거리는 사람이 나쁜 것이지 절대 당신 탓이 아닙니다. 고민을 줄이고 스트레스나 상처를 최소화할 수 있는 방법으로 대처해보세요.

하고 싶은 이야기가
말로 잘 나오지 않아요

내 생각을
이야기하는 데 서툴다.

하고 싶은 말을
잘 못 해서
늘 후회스러워요

머릿속에는 하고 싶은 말이 많은데 막상 사람들 앞에서
는 말이 잘 나오지 않습니다. 나름대로 생각이나 의견이
있는데 질문을 받으면 말문이 막혀버립니다.

다른 사람처럼 말을 잘하고 싶은데 어릴 때부터 줄곧 이
런 느낌이었어요.

어릴 때 경험이 어른이 되어서도 계속 영향을 주는 것이
죠? 그렇다면 저는 아무리 노력해도 말을 잘할 수 없는
걸까요?

자기 의견이 없어서 말을 잘 못 하는 경우도 있고, 의견은 있지만 말을 잘 못 하는 경우도 있습니다.

자기 의견이 없어서 말을 잘 못 하는 경우라면 그러한 생각 자체를 버리는 것부터 시작해보세요.

의견이 있는데도 말을 잘 못 하는 사람은 대부분 어릴 때부터 말이 서툰 경우가 많습니다.

부모님이나 선생님 등 주위의 어른들이 귀를 기울여 들어주지 않은 탓에 '말해도 소용없다'고 생각했을 수 있습니다. 또는 부정적인 말을 듣고 상처를 받아 '말하지 않는 편이 좋다'는 믿음이 생겼을지도 모릅니다.

과거의 어떤 일이 자기 의견은 '말하지 않는 것이 좋다'라는 선택을 하게 만든 셈입니다. 이와 같은 어린 시절의 결단은 어떤 특별한 계기가 없는 한 어른이 되어도 계속 유지됩니다.

이런 사람은 자신의 생각을 말하는 경험이 압도적으로 적습니다. 따라서 문제가 있다거나 성격 탓에 말을 잘 못 하는 것이 아니라 자기 의견을 말하는 경험이 주변 사람들에 비해 부족할 뿐입니다.

이런 '나'라도 그런 '마음'이라도 괜찮다

하고 싶었지만 못 했던 말들을
노트에 적어보세요

A씨는 '아무리 열심히 해봐도 안 되는 걸까요?' 하고 걱정했지만 그럴 리가 없습니다. 어릴 때 경험한 일이 어른이 된 후에도 영향을 미치는 것은 사실이지만 그 영향이 평생 지속되지는 않습니다. 어떤 영향을 받고 있는지 알면 거기에서 벗어날 수 있습니다.

A씨는 '어릴 때부터 줄곧 이런 느낌(질문을 받으면 말문이 막혀버린다)'이었다는 것을 스스로 알고 있었습니다. 더욱이 상담을 통해 '나는 말을 잘 못 하는 것이 아니라 내 의견을 말하는 횟수가 다른 사람들보다 적었을 뿐이다'라는 사실도 깨달았습니다.

이렇게 자신의 상황을 인지하고 말하는 횟수를 늘리기 위한 연습을 계속해나갔습니다.

A씨는 그날 있었던 일을 저녁에 혼자 반성하는 시간을 갖는 습관이 있었는데, 이를 활용하기로 했습니다. 반성할 때 자신을 책망하는 것이 아니라 당시에 어떻게 말하고 싶었는지를 철저하게 생각해보는 것입니다.

이 방법의 핵심은 종이에 실제로 적어보는 것입니다.

이런 식으로 생각을 끄집어내면 자기 의견이 명확해집니다. 무엇을 이야기하고 싶은지는 물론이고 어떻게 이야기하면 잘 전달되는지도 생각할 수 있습니다.

A씨는 자기 의견을 적는 습관을 1개월 동안 계속했더니 점점 자신이 하고 싶은 말을 할 수 있게 되었습니다. 4개월이 지났을 무렵에는 회의할 때도 자기 의견을 당당하게 말할 수 있었다고 합니다.

A씨가 고민했듯이 머릿속 생각만으로는 언어화하기가 쉽지 않습니다. 그렇기 때문에 종이에 써서 생각을 정리하는 방법을 활용해보세요.

조금 귀찮다고 느낄지 모르지만 위기를 기회로 살릴 수 있습니다. 귀찮은 이유는 단지 지금까지 해보지 않았기 때문입니다. 꼭 한 번 시도해보세요.

지금까지와는 다른 행동을 해보면 지금까지와 다른 결과를 기대할 수 있습니다.

의사나 심리상담사를 만나기가
두려워요

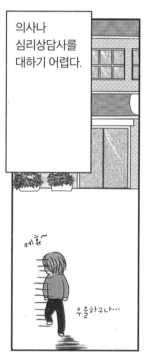

의사나
심리상담사를
대하기 어렵다.

에휴~

우울하구나…

어떤 일로
오셨죠?

당신보다
더 힘든
사람은
얼마든지
있어요.

또
그런 소리
하시네.

말해봤자 나만 힘들다.

남들은 잘해

물러
빠졌어

어차피 아무도 알아주지 않아.

게을러서 그래

그건 네가
이상한 거야

의사나
심리상담사가 하는 말을
못 믿겠어요

저는 서른일곱 살인데, 부모님과 함께 살고 있습니다. 반년 전에 심리상담소를 다녔는데 너무 황당해서 그때 부터 심리상담사를 믿을 수 없게 되었습니다.

당시 저는 부모님을 사랑하지만 행동을 감시당하거나 이러쿵저러쿵 참견해서 힘들다는 고민을 상담했습니다. 그런데 심리상담사는 "성인인데 부모님 집에 살면서 불 평이나 하다니 너무 안이한 거 아닌가요? 저는 부모님 의 돌봄을 제대로 받지 못했어요. 그래도 저는 부모님에 대한 불평을 하지 않아요. 당신은 참 복이 많네요"라며 저를 강하게 비난하는 거예요.

저도 부모님께 감사하지 않은 건 아니에요. 그래도 누군가 제 마음을 들어주는 사람이 있으면 좋겠어요. 이런 걸 고민하는 제가 나쁜가요?

자신이 안고 있는 문제를 어떻게든 해결하고 싶으면서도 과거에 받은 상처로 인해 상담을 꺼리는 경우입니다. 부모님과 자녀 문제를 주로 상담하다 보면 이런 고민을 가진 사람들이 매우 많습니다.

마음이 가벼워져야 할 상담에서 오히려 상처받는 사람들이 늘고 있습니다. 의사나 심리상담사의 무심한 말 한마디에 회복하기 어려울 만큼 깊은 마음의 상처를 안고 찾아오는 사람들이 끊이지 않습니다.

'지난 30년 동안 어디를 가도 이해받지 못했다', '여섯 군데나 돌아다녔는데 겨우 이해해주는 선생님을 만났다', '처음으로 나를 부정하지 않고 내 이야기를 들어주었다'라며 눈물을 흘리는 분도 많았습니다.

의사나 심리상담사와 잘 맞지 않는다고 해서 당신에게 무슨 문제가 있는 것은 아닙니다. 그저 그 사람과 맞지 않을 뿐입니다.

당신을 이해해줄
단 한 사람을 찾으면 됩니다

그러므로 자신을 비난하지 마세요. 당신 탓이 아닙니다.

권위 편향이라는 말을 들어본 적이 있나요? 지위나 직함을 보고 그 사람의 언행이 옳다고 믿는 심리를 말합니다.

'유명인이 한 말이니까 틀림없다', '의사 선생님이 하신 말이니 분명 그럴 것이다'라는 식으로 깊이 생각하지도 않고 믿어버립니다.

하지만 의사나 심리상담사도 당신과 같은 사람일 뿐입니다. 지식이나 경험이 풍부하다고 해서 당신에게 상처를 주지 않는다는 법은 없습니다. 일부러 공격적인 말을 하거나 기분에 따라 제멋대로 대응하고 아무렇지도 않게 상처를 주는 사람도 있습니다.

저 또한 심리상담사이지만 상대가 누구든 간에 당신에게 상처를 주는 사람의 말은 무시해도 된다는 말을 꼭 하고 싶습니다. 이상한 말을 한다면 다른 사람의 의견도 충분히 들어보세요.

뭔가를 전달할 때 상대를 비판하거나 공격하고 상처를 줄 이유가 있을까요? 엄격한 말이 아니더라도 이야기를 잘 전달

이런 '나'라도 그런 '마음'이라도 괜찮다

하는 방법은 얼마든지 많습니다.

누군가 불합리하거나 마음이 상하는 말을 하더라도 그 말을 곧이곧대로 받아들이지 마세요. 상대가 누구든 간에 당신에게 상처가 되는 말은 새겨들을 필요 없습니다.

당신의 마음을 지키기 위해서라도 부디 이 말을 반드시 기억해주세요.

과거에 만난 의사나 심리상담사가 당신을 부정했더라도 어딘가 당신을 부정하지 않는 사람은 반드시 있게 마련입니다. 당신을 이해해주는 사람도 반드시 있고요.

한 사람이라도 더 많은 사람들이 마음의 상처에서 벗어날 수 있기를 바랍니다.

이런 '나'라도
그런 '마음'이라도
괜찮다

초판 1쇄 인쇄 2025년 1월 5일
초판 1쇄 발행 2025년 1월 10일

지은이 포쉬(심리상담사)
옮긴이 신찬
편집 이원주
디자인 이다오
마케팅 신용천
물류 책글터
펴낸곳 굿북마인드
등록 2020. 3. 10 제2020-000064호
주소 서울시 마포구 망원동 385-33
전화 02-332-3130
팩스 0502-313-6757
전자우편 million0313@naver.com
블로그 https://blog.naver.com/millionbook03
인스타그램 https://www.instagram.com/millionpublisher_/
ISBN 979-11-91777-90-1 (03190)
정가 18,000원